AF619740

BOU 1910
910
C. 5-7

…TE A PARIS

…ndi 5, Mardi 6 et Mercredi 7 Décembre 1910

Hotel Drouot, Salle n° 8

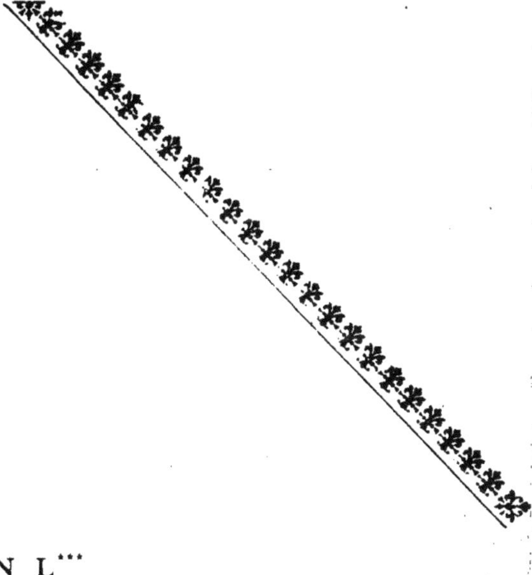

COLLECTION L***

Monnaies Grecques

ROMAINES

GAULOISES, FRANÇAISES

MÉDAILLES. JETONS

COMMISSAIRE-PRISEUR :	EXPERT :
Me Émile BOUDIN	M. Étienne BOURGEY
14, rue de la Grange-Batelière	7, rue Drouot, 7

PARIS

Adresse Télégr. ÉTIENBOURG-PARIS

Monnaies Grecques

ROMAINES

GAULOISES, FRANÇAISES

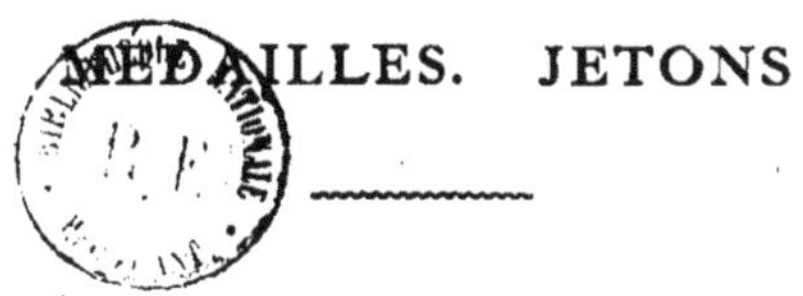

MÉDAILLES. JETONS

VENTE AUX ENCHÈRES PUBLIQUES

A PARIS, HÔTEL DES COMMISSAIRES-PRISEURS, RUE DROUOT, 9

SALLE N° 8, AU PREMIER ÉTAGE

Les Lundi 5, Mardi 6 et Mercredi 7 Décembre 1910

A DEUX HEURES PRÉCISES

EXPOSITION PUBLIQUE UNE HEURE AVANT LA VENTE

COMMISSAIRE-PRISEUR :	EXPERT :
Me Emile BOUDIN	M. Etienne BOURGEY
14, Rue de la Grange-Batelière	*7, rue Drouot, 7*

PARIS

Adresse Télégr. ÉTIENBOURG-PARIS

BIBLIOTHEQUE NATIONALE DE FRANCE
3 7513 02420249 0

Bou
1910
Déc. 5-

Exposition particulière :

Les Vendredi 2 et Samedi 3 Décembre 1910, chez M. Etienne Bourgey, expert, 7, rue Drouot. (Téléphone 274-64).

Exposition publique :

Les Lundi 5, Mardi 6 et Mercredi 7 Décembre 1910, Hôtel des Ventes, Salle 8, une heure avant la vente.

La vente aura lieu au comptant.

Les acquéreurs paieront dix pour cent en sus des enchères.

L'authenticité des piéces est garantie.

M. Etienne Bourgey, 7, rue Drouot, se charge d'exécuter les commissions qui lui seront confiées.

L'ordre du catalogue sera suivi. L'expert se réserve le droit de diviser ou de réunir les lots.

MONNAIES GRECQUES

1 **Tarente**. ΤΑΡΑΣ. Taras à g. sur le dauphin et tête d'Artémis. ℟. ΑΡΙΣΤΟΚΛΗΣ. Cavalier à dr., frappant de la lance. Didr. Arg. TB.

2 ΤΑΡΑΣ. ΠΟΛΥ. Taras nicéphore à g. ℟. ΦΙΛΤΙ. ΕΥ. Même cavalier. Didr. Arg. TB.

3 ΤΑΡΑΣ. ΑΝΘ. Taras à g., tenant un acrostolium et une quenouille. ℟. ΣΩ. ΞΑΛΩ. Ephèbe à cheval à dr., se couronnant ; dessous, chapiteau. Didr. Arg. Très beau.

Voyez planche I.

4 ΤΑΡΑΣ. ΠΟΛΥ. Taras tenant un casque, entre deux étoiles. ℟. ΣΩ. ΝΕΥΜΗ. Même cavalier. Didr. Arg. Très beau.

Voyez planche I.

5 ΤΑΡΑΣ. Taras à g. ℟. ΣΙ. ΛΥΚΙΝΟΣ. Cavalier galopant à dr., frappant de la lance. Didr. Arg. B.

6 Tête de femme à g. ℟. Ephèbe à dr. couronnant son cheval ; dessous, ΤΑ. et dauphin. Didr. Arg. TB.

Voyez planche I.

7 Variété ; devant le cheval, ΦΙ. Didr. Arg. (fourré). TB.

8 Tête d'Athéna à g., le casque orné d'un Scylla. ℟. ΣΩ. Chouette éployée à dr. Drachme. Arg. TB.

9 **Vélia**. Tête d'Athéna à g., le casque orné d'un griffon ; derrière, Τ. ℟. Lion à dr., terrassant un cerf. Didr. Arg. TB.

Voyez planche I.

10 **Crotone**. Trépied, à g. ϘΡΟ. ℟. Aigle éployé en creux. Statère. Arg. TB.

11 Trépied ; à dr., une cigogne ; à g., ϘΡΟ. ℟. Trépied en creux. Didr. Arg. TB.

12 **Leontini**. Femme dans un quadrige à dr. ; au-dessus, Niké couronnant les chevaux. ℞. **LEONTINON**. Tête de lion à dr. entre 4 grains d'orge. Tétradr. Arg. B.

Voyez planche I.

13 Tête laurée d'Apollon à dr. ℞. Le précédent. Tétradr. Arg. Très beau.

Voyez planche I.

14 **Syracuse**. Tête laurée d'Apollon à g. ; derrière, un pileos. ℞. **ΣΥΡΑΚΟΣΙΩΝ**. Trépied. 50 litra. Electrum. TB.

Voyez planche I.

15 **Chersonesos**. Protomé de lion à g., retournant la tête. ℞. Carré divisé en 4 parties, renfermant un globule et une feuille. Hémidr. Arg. TB.

16 **Thasos**. Silénos nu à dr., un genou en terre, tenant une nymphe dans ses bras. ℞. Carré incus. Statère. Arg. TB.

17 **Rois de Thrace**. *Lysimaque*. Tête diadémée et cornue d'Alexandre à dr. ℞. **ΒΑΣΙΛΕΩΣ. ΛΥΣΙΜΑΧΟΥ**. Pallas nicéphore assise à g. Tétradr. Arg. TB.

18 **Lété**. Satyre nu à dr., arrêtant une femme par le bras. ℞. Carré incus, divisé en 4 triangles. Statère. Arg. TB.

Voyez planche I.

19 **Rois de Macédoine**. *Philippe II*. Tête laurée d'Apollon à dr. ℞. **ΦΙΛΙΠΠΟΥ**. Bige au galop à dr. ; dessous, un diota (Mendé). Statère. Or. Très beau.

Voyez planche I.

20 Tête de Zeus lauré à dr. ℞. **ΦΙΛΙΠΠΟΥ**. Cavalier nu tenant une palme, à dr. ; dessous, couronne et **T**. Distatère. Arg. TB.

21 *Alexandre le Grand*. Tête de Pallas à dr., le casque orné d'un serpent. ℞. **ΑΛΕΞΑΝΔΡΟΥ. ΒΑΣΙΛΕΩΣ**. Niké stéphanéphore à g. (Muller, 712). Statère. Or. Très beau.

Voyez planche I.

22 Autre tête de Pallas. ℞. **ΑΛΕΞΑΝΔΡΟΥ**. Même type de Niké (M. 815). Statère. Or. Très beau.

Voyez planche I.

23 Tête d'Héraclès jeune à dr., couverte de la peau de lion. ℞ **ΑΛΕΞΑΝΔΡΟΥ**. Zeus aétophore assis à g. Tétradr. Arg. TB.

24 Variété ; devant Zeus, monogr. **HK**. Tétradr. Arg. Manque à Muller. Très beau.

Voyez planche I.

25 Autre tête d'Héraclès. ℞. **ΒΑΣΙΛΕΩΣ · ΑΛΕΞΑΝΔΡΟΥ**. Même type de Zeus ; devant, casque macédonien (M. 244). Tétradr. Arg. Très beau.

26 *Philippe III*. Même tête d'Héraclès. ℞. **ΦΙΛΙΠΠΟΥ · ΒΑΣΙΛΕΩΣ**. Même type de Zeus ; sous le siège, **Α** et **Μ**. (Cilicie ; manque à M.). Tétradr. Arg. TB.

27 *Macédoine, province romaine*. Buste de Diane pharétrée à dr., sur un bouclier macédonien. ℞. **ΜΑΚΕΔΟΝΩΝ · ΠΡΩΤΗΣ**. Massue et 3 monogr. dans une couronne de chêne ; à g., un foudre. Tétradr. Arg. TB.

28 **Thessalie**. Tête laurée de Zeus à dr. ℞. **ΘΕΣΣΑΛΩΝ · ΠΟΛΥΞΕΝΟΥ · ΕΥΚΟΛΟΣ**. Pallas combattant à dr. Double victoriat. Arg. B.

29 **Leucas**. **ΕΥ**. Tête casquée de Pallas à g. ; derrière, hameçon. ℞. **Λ**. Pégase galopant à g. Didr. Arg. TB.

30 **Etolie**. Tête laurée d'Aitolos à dr. ; dessous, **ΦΙ**. ℞. **ΑΙΤΩΛΩΝ**. Aitolos nu, debout à g. ; le chapeau pendu au dos, l'épée sous le bras g., la main dr. sur un épieu et le pied dr. sur un rocher ; à g., **Δ**. Statère. Arg. TB.

Voyez planche I.

31 **Thèbes**. Bouclier thébain. ℞. **ΘΕ · ΟΓ**. Amphore ; au-dessus, un caducée. Statère. Arg. TB.

32 **Athènes**. Tête d'Athéna à dr. de style archaïque. ℞. **ΑΘΕ**. Chouette à dr. dans un carré incus ; à l'angle g., olive et deux feuilles. Tétradr. Arg. TB.

33 Même tête, l'œil de profil. ℞. Même chouette ; derrière, deux feuilles d'olivier et un croissant. Tétradrachme. Arg. TB.

34 Tête de l'Athéna de Phidias à dr. ℞. Chouette entre deux monogr. debout à dr. sur une amphore avec **Α** dans une couronne d'olivier. Tétradr. Arg. TB.

35 **Corinthe**. Tête casquée de Pallas à dr., les cheveux en queue, dans un carré incus. ℞. **Ϙ**. Pégase, les ailes recroquevillées, galopant à dr. Didr. archaïque. Arg. TB.

36 Tête casquée de Pallas à g. ; derrière, coq sur une massue. ℞. **Ϙ**. Pégase, les ailes droites, galopant à g. Didr. Arg. TB.

37 **Sicyone**. Chimère à g. ℞. Colombe volant à g., une olive dans le bec, dans une couronne de laurier. Didr. Arg. B.

38 **Gortyna**. Europe assise à dr. sur un arbre, la tête appuyée sur la main g. ℞. Taureau debout à dr., retournant la tête. Statère. Arg. TB.

39 **Parium**. Gorgoneïon. ℞. ΠΑΡΙ. Taureau debout à g., retournant la tête. Hémidr. Arg. TB.

40 **Rois de Pergame**. *Eumène II*. Tête laurée de Philétaire à dr. ℞. Athéna assise à g., couronnant le nom ΦΙΛΕΤΑΙΡΟΥ. ; dans le champ, monogr. ΧΑΡ ; derrière Athéna, un arc. Tétradr. Arg. B.

41 *Pergame sous les Romains*. Ciste et serpent dans une couronne de lierre. ℞. Carquois et 2 serpents ; à g., ΠΕΡ. ; à droite, thyrse ; au-dessns, ΦΙ. Cistophore. Arg. B.

42 **Lesbos**. Tête laurée d'Apollon à dr. ℞. Tête de femme à dr., dans un carré formé par des lignes. Hecté. Electrum. B.

43 **Clazomène**. Partie antérieure d'un sanglier ailé à dr. ℞. Carré incus. Diobole. Arg. TB.

44 **Milet**. ΕΚΑ. Tête de lion à g. ; dessous, jambe de lion à dr. ℞. Etoile cruciforme. Drachme. — Même tête à dr. Diobole. Arg. — Ens. 2 p. TB.

45 **Chios**. Sphinx assis à g. ; devant, une amphore. ℞. Carré incus divisé en 4 parties. Didr. archaïque. Arg. B.

46 **Cnide**. Protomé de lion à dr. ℞. Tête d'Aphrodité à dr. dans un carré incus. Didr. archaïque. Arg. B.

47 **Satrapes de Carie**. *Mausole*. Tête d'Apollon de face. ℞. ΜΑΥΣΣΩΛ. Zeus stratios debout à dr., la bipenne sur l'épaule. Drachme. Arg. TB.

Voyez planche I.

48 *Pixodaros*. Tête d'Apollon de face. ℞. ΠΙΞΟΔΑΡΟ. Même type de Zeus stratios. Didr. Arg. TB.

Voyez planche I.

49 **Rhodes**. *Ile*. Tête radiée d'Hélios de trois-quarts à dr. ℞. ΡΟΔΙΟΝ. ΕΥΚΡΑΤΗΣ. Fleur de balaustium avec tige à dr. ; à g. un foudre. Tétradr. Arg. B.

50 Même tête. ℞. ΜΝΑΣΙΜΑΧΟΣ. ΡΟ. Même fleur ; à g., Athéna debout à g. Didr. Arg. TB.

51 Tête d'Apollon de trois-quarts à dr., les cheveux flottants. ℞. ΣΤΡΑΤΩΝ. Même fleur avec la tige à g. ; à dr., une feuille. Drachme. Arg. TB.

52 Tête radiée d'Hélios à dr. ℞. ΔΕΞΙΚΡΑΤΗΣ. Fleur de balaustium ; à g., un caducée, le tout dans un carré incus. Drachme. Arg. TB.

53 **Aspendos**. ΠΟ. Deux lutteurs. ℞. ΕΣΤΕFΕΔΙΙΥ. Κ. Frondeur à dr., ajustant son arme ; devant, triquètra et massue. Statère. Arg. TB.

3
4
6
9
12
19
13
22
48
30
21
14
47
54
73
18
24
74
82
87
86
88
94
95
AVGVSTVS
AVGVSTVS

54 **Célendéris.** Cavalier nu assis à g. sur un cheval au galop. ℞. **ΔΟ.** Bouc agenouillé à g., retournant la tête. Tétrobole. Arg. TB.
Voyez planche I.

55 Cheval galopant à dr. ℞. **KE.** Même bouc. Obole. Arg. TB.

56 **Tarse.** *Datame.* Tête d'Aréthuse de face. ℞. Lég. araméenne. Tête d'Arès avec casque athénien à dr. Statère. Arg. B.

57 *Mazaïos.* Lég. araméenne. Baaltars assis de face, tenant un aigle, un épi et un raisin. ℞. Lég. araméenne. Lion à g., terrassant un taureau. Statère. Arg. Petit coup de cisaille n'entamant pas le type. B.

58 Lég. araméenne. Baaltars assis à g. ℞. Lég. araméenne. Lion dévorant un cerf à demi-agenouillé à g. dans un carré ponctué. Statère. Arg. Petit coup de cisaille. B.

59 Buste d'Athéna de face. ℞. Baaltars assis à g. entre une grappe et un casque corinthien. Statère. Arg. Coup de cisaille. B.

60 **Rois de Syrie.** *Antiochus I.* Tête diadémée à dr. ℞. **ΒΑΣΙΛΕΩΣ ΑΝΤΙΟΧΟΥ.** Apollon nu assis à g. sur l'omphalos, entre deux monogr. Tétradr. Arg. TB.

61 Variété; autre coin, monogr. différents. Tétradr. Arg. B.

62 *Antiochus III.* Tête jeune, diadémée à dr. ℞. **ΒΑΣΙΛΕΩΣ ΑΝΤΙΟΧΟΥ.** Même type d'Apollon; devant, une fleur de lotus. Tétradr. Arg. TB.

63 *Démétrius I.* Tête diadémée à dr. dans une couronne de laurier. ℞. **ΒΑΣΙΛΕΩΣ. ΔΗΜΗΤΡΙΟΥ. ΣΩΤΗΡΟΣ.** Tyché assise à g. sur une néréïde ailée. Tétradr. Arg. TB.

64 *Alexandre I.* Tête diadémée à dr. ℞. **ΑΛΕΞΑΝΔΡΟΥ ΒΑΣΙΛΕΩΣ.** Aigle debout à g. sur une palme; devant, **ΓΞΡ** (an 163) et monogr. **ΑΙΟ.**; derrière, un trident. Tétradr. Arg. Très beau.

65 *Antiochus VII.* Tête diadémée à dr. ℞. **ΒΑΣΙΛΕΩΣ ΑΝΤΙΟΧΟΥ ΕΥΕΡΓΗΤΟΥ.** Athéna nicéphore debout à g.; devant, **Α**; le tout dans une couronne de laurier. Tétradr. Arg. B.

66 *Démétrius II.* Buste diadémé à dr. ℞. **ΔΗΜΗΤΡΙΟΥ ΒΑΣΙΛΕΩΣ.** Aigle portant une palme, debout à g. sur un éperon de navire. Tétradr. Arg. TB.

67 Tête barbue, diadémée à dr. ℞. **ΒΑΣΙΛΕΩΣ ΔΗΜΗΤΡΙΟΥ ΘΕΟΥ ΝΙΚΑΤΟΡΟΣ.** Zeus nicéphore assis à g. Tétradr. Arg. TB.

68 *Antiochus VIII.* Tête diadémée à dr., avec bandelette autour. ℞. **ΒΑΣΙΛΕΩΣ ΑΝΤΙΟΧΟΥ ΕΠΙΦΑΝΟΥΣ.** Zeus Ouranios debout à gauche; dessous, **ΕϘΡ** (an 195), le tout dans une couronne de laurier. Tétradr. Arg. TB.

69 *Philippe.* Tête diadémée à dr. ℞. **ΒΑΣΙΛΕΩΣ ΦΙΛΙΠΠΟΥ**. Zeus nicéphore assis à g. Tétradr. Arg. B.

70 **Tyr.** Melkart tirant de l'arc, sur un hippocampe ailé à dr.; dessous, un dauphin et des flots. ℞. Chouette portant le sceptre et le fléau égyptiens; devant, date **IIIO** (an 23). Didr. Arg. TB.

71 Autre, date variée. Didr. Arg. B.

72 Tête laurée d'Héraclès tyrien à dr. ℞. **ΤΥΡ... ΚΑΙ·ΑΣΥΛΟΥ**. Aigle à g. Tétradr. Arg. B.

73 **Rois de Perse.** Roi à demi-agenouillé à dr., tenant un arc et une javeline. ℞. Carré creux allongé, présentant des aspérités. Darique. Or. TB. Très léger coup de cisaille ne touchant pas au type.

Voyez planche I.

74 **Rois d'Egypte.** *Arsinoé II.* Tête diadémée et voilée à dr.; derrière, **K**. ℞. **ΑΡΣΙΝΟΗΣ ΦΙΛΑΔΕΛΦΟΥ**. Double corne d'abondance, ceinte d'un diadème. Octadrachme d'or. Très belle pièce.

Voyez planche I.

• 75 Même tête à dr.; derrière, **MM**. ℞. Même revers. Décadrachme. Argent.

76 *Ptolémée VI.* Buste diadémé à dr. avec l'égide. ℞. **ΠΤΟΛΕΜΑΙΟΥ ΒΑΣΙΛΕΩΣ**. Aigle debout à g. sur un foudre; à g., **L. ΚΘ** (an 29); à dr., **ΚΙ**. Tétradr. Arg. Très beau.

77 *Ptolémée incertain.* Buste diadémé à dr. avec l'égide. ℞. Même revers, rien dans le champ. Tétradr. Arg. TB.

78 **Carthage.** Tête de Déméter couronnée d'épis à g. ℞. Cheval debout à dr. Statère. Electrum. B.

79 Buste de cheval à dr. ℞. Palmier avec 2 fruits. Huitième de statère. Or. B.

80 **Lot.** Monnaies diverses. Br. 80 p.

MONNAIES ROMAINES [1]

81 *Pompée.* CN. PISO. PRO. Q. Tête de Numa à dr. avec NVMA sur le diadème. ℞. MAGN. PRO. COS. Proue (4). Arg. TB.

82 MAG. PIVS. IMP. ITER. Tête nue de Pompée à dr. entre un vase et un lituus. ℞. PRÆF. CLAS. ET. ORÆ. MARIT. EX. S. C. Neptune entre les frères de Catane (17). Arg. Très beau.

Voyez planche I.

83 MAGN. Sa tête janiforme, laurée. ℞. PIVS. IMP. Proue (16). As. GB. TB.

84 *César et Octave.* DIVOS. IVLIVS. Tête laurée de César à dr. ℞. CAESAR. DIVI. F. Tête nue d'Octave à dr. (3). GB. TB.

85 Têtes nues adossées de César et d'Octave. ℞. Proue avec des constructions (7). Fr. à Vienne. GB. B.

86 *Brutus.* BRVTVS. Hache, simpule et couteau. ℞. LENTVLVS. SPINT. Vase et lituus (6). Arg. TB.

Voyez planche I.

87 L. SESTI. PRO. Q. Buste voilé de la Liberté à dr. ℞. Q. CAEPIO. BRVTVS. PRO. COS. Trépied, hache et simpule (11). Arg. Très beau.

Voyez planche I.

88 BRVT. IMP. L. PLAET. CEST. Sa tête nue à dr. ℞. EID. MAR. Bonnet entre deux poignards (15). Arg. B. mais fourrée. Extrêmement rare.

Voyez planche I.

89 *Marc-Antoine et Octave.* M. ANTON. IMP. III. VIR. R. P. C. AVG. Sa tête nue à dr. ℞. CAESAR. IMP. PONT. III. VIR. R. P. C. Tête nue d'Octave à dr. (2). Arg. TB.

90 M. ANT. IMP. AVG. III. VIR. R. P. C. M. BARBAT. Q. P. Sa tête nue à dr. ℞. CAESAR. IMP. PONT. III. VIR. R. P. C. Tête nue d'Octave à dr. (8). Arg. TB.

91 *Auguste.* AVGVSTVS. DIVI. F. Tête nue à dr. ℞. IMP. X. Taureau cornupète à dr. (136). Or. TB.

Voyez planche II.

---

(1) Les numéros entre parenthèses se rapportent à l'ouvrage de H. Cohen. *Monnaies frappées sous l'Empire romain*, 2e édition.

92 CAESAR. COS. VI. Tête nue à g. et lituus. ℟. AEGYPTO. CAPTA. Crocodile à dr. (3). Arg. TB.

93 Tête nue à dr. ℟. ARMENIA. CAPTA. Tiare, deux carquois et arc (12). Arg. TB.

94 IMP. CAESAR. Tête nue à dr. et lituus. ℟. AVGVSTVS. Capricorne chargé d'une corne d'abondance dans une couronne de laurier (16). Médaillon. Arg. Très belle pièce.

Voyez planche I.

95 Même tête sans lituus. ℟. AVGVSTVS. Autel enguirlandé avec deux cerfs (33). Médaillon. Arg. TB.

Voyez planche I.

96 Tête laurée à dr. ℟. CAESAR. AVGVSTVS. Deux branches de laurier (47). Arg. TB.

97 AVGVSTVS. DIVI. F. Tête nue à dr. ℟. IMP. X. Taureau cornupète à dr. (137). Arg. Très beau.

Voyez planche II.

98 CAESAR. AVGVSTVS. Même tête. ℟. SIGNIS. RECEPTIS. S. P. Q. R. Bouclier avec CL. V. entre une aigle et une enseigne (265). Arg. Très beau.

99 DIVVS. AVGVSTVS. PATER. Tête radiée à g. ℟. PROVIDENT. S. C. Autel (228). MB. TB.

100 *Agrippa.* M. AGRIPPA. L. F. COS. III. Tête à g. avec couronne rostrale. ℟. S. C. Neptune nu, debout à g. (3). MB. TB.

101 *Agrippa et Auguste.* M. AGRIPPA. PLATORIN... Sa tête nue à dr. ℟. CAESAR. AVGVSTVS. Sa tête nue à dr. (3). Arg. B. mais fourrée. Très rare.

Voyez planche II.

102 *Tibère.* TI. CAESAR. DIVI. AVG. F. AVGVSTVS. Tête laurée à dr. ℟. PONTIF. MAX. Livie assise à dr. (15). Or. Très belle pièce.

Voyez planche II.

103 TI. CAESAR. DIVI. AVG. F. AVGVST. P. M. TR. POT. XXXVII. Autour de S. C. ℟. Temple octostyle (69). GB. AB. Rare.

104 *Tibère et Auguste.* [TI. CAESAR. DIVI.] AVG. F. AVGVSTVS. Tête laurée de Tibère à dr. ℟. DIVOS. AVGVST. DIVI. F. Tête laurée d'Auguste à dr.; dessus, un astre (3). Or. TB.

Voyez planche II.

105 *Néron Drusus.* NERO CLAVDIVS. DRVSVS. GERMANICVS. IMP. Tête laurée à g. ℟. DE GERMANIS. Arc de triomphe surmonté d'une statue équestre entre deux trophées (3). Or. TB.

Voyez planche II.

106 *Antonia.* ANTONIA. AVGVSTA. Buste à dr. ℞. TI. CLAVDIVS... TR. P. IMP. S. C. Antonia debout à g., tenant le simpulum (6). MB.

107 *Agrippine mère.* AGRIPPINA. M. GERMANICI. CAESARIS. Buste à dr. ℞. TI. CLAVDIVS. CAESAR. AVG. GERM. P. M. TR. P. IMP. P. P. Autour de S. C. (3). GB.

108 *Néron et Drusus.* NERO. ET. DRVSVS. CAESARES. Les deux Césars galopant à dr. ℞. CAESAR. DIVI. AVG. PRON. AVG. P. M. TR. P. III. P. P. Autour de S. C. (2). MB. TB.

109 *Caligula.* C. CAESAR. DIVI. AVG. PRON. AVG. P. M. TR. P. IIII. P. P. Tête nue à g. ℞. VESTA. S. C. Vesta assise à g. (29). MB. TB.

110 *Claude I.* TI. CLAVD. CAESAR. AVG. P. M. TR. P. Tête laurée à dr. PACI AVGVSTAE. Némésis marchant à dr. (50). Or. Très beau.
Voyez planche II.

111 TI. CLAVDIVS. CAESAR. AVG. P. M. TR. P. IMP. Tête nue à g. ℞. S. C. Pallas combattant à dr. (34). MB. TB.

112 *Agrippine et Claude.* AGRIPPINAE AVGVSTAE. Sa tête couronnée d'épis à dr. ℞. TI. CLAVD. CAESAR. AVG. GERM. P. M. TRIB. POT. P. P. Tête laurée de Claude à dr. (3). Or. Très beau.
Voyez planche II.

113 *Néron.* NERO. CAESAR. AVGVSTVS. Tête laurée à dr. ℞. CONCORDIA. AVGVSTA. La Concorde assise à g. (66). Or. TB.
Voyez planche II.

114 NERO. CLAVD. DIVI. CLAVD. F. CAESAR. AVG. GERMANI: Même tête. ℞. Victoire tenant un diadème, assise à dr. sur un globe (352). Quinaire. Arg. TB. Rare.

115 ℞. GENIO. AVGVSTI. S. C. Génie sacrifiant à g. (103). MB. B.

116 ℞. MAC. AVG. S. C. Vue du Macellum (127). MB. B.

117 IMP. NERO. CAESAR. AVG. PONT. MAX. TR. POT. P. P. Tête laurée à dr. ℞. ROMA. S. C. Rome nicéphore assise à g. (267). GB. TB.

118 ℞. S. C. Victoire à g., tenant un bouclier (302). MB. TB.

119 *Galba.* IMP. SER. GALBA. CAESAR. AVG. Tête laurée à dr. ℞. DIVA. AVGVSTA. Livie debout à g. (54). Or. TB.
Voyez planche II.

120 GALBA, IMP. Tête laurée à g.; dessous, un globe. ℞. HISPANIA. L'Espagne debout à g. (79). Arg. TB.

121 SER. GALBA. IMP. Galba galopant à dr. ℞. TRES. GALLIAE. Trois bustes de femme à dr. (307). Arg. B. Très rare. Fourrée.
Voyez planche II.

122 IMP. SER. GALBA. CAESAR. AVG. TR. P. Tête nue à dr. ℞. VESTA. S. C. Vesta assise à g. (311). MB. TB.

123 *Othon*. IMP. OTHO. CAESAR. AVG. TR. P. Tête nue à dr. ℞. PONT. MAX. Vesta assise à g. (7). Arg. Très beau.

Voyez planche II.

124 *Vitellius*. A. VITELLIVS. IMP. GERMANICVS. Tête laurée à g. ℞. LIBERTAS. RESTITVTA. La Liberté debout à dr. (50). Or. TB.

Voyez planche II.

125 A. VITELLIVS. GERMANICVS. IMP. Tête nue à dr. ℞. CONCORDIA. P. R. La Concorde assise à g. (21). Arg. B.

126 Tête laurée à g. ℞. FIDES. EXERCITVVM. S. C. Mains jointes (34). — ℞. LIBERTAS. RESTITVTA. S. C. La Liberté debout à dr. (49). MB. — Ens. 2 p. B.

127 *Vespasien*. IMP. CAESAR. VESPASIANVS. AVG. Tête laurée à dr. ℞. COS. ITER. TR. POT. La Paix assise à g., tenant une branche d'olivier et un caducée (C. manque). Or. TB.

Voyez planche II.

128 IMP. CAES. VESPAS. AVG. P. M. TR. P. IIII. P. P. COS. IIII. Même tête. ℞. PACI. AVGVSTI. Némésis marchant à dr. (284). Or. Très belle pièce.

Voyez planche II.

129 ℞. FIDELITAS. PVBLICA. S. C. La Fidélité debout à g. (151). — ℞. FIDES. PVBLICA. S. C. La Bonne Foi debout à g. (166). MB. — Ens. 2 p. B.

130 ℞. S. P. Q. R. OB. CIVES. SERVATOS. dans une couronne de chêne (528). GB. B.

131 *Titus*. IMP. TITVS. CAES. VESPASIAN. AVG. P. M. Tête laurée à dr. ℞. TR. P. IX. IMP. XV. COS. VIII. P. P. Foudre sur un trône (315). Or. TB.

Voyez planche II.

132 Tête laurée à g. ℞. GENIO. P. R. S. C. Génie sacrifiant à g. (97). MB. B.

133 IMP. T. CAES. VESP. AVG. P. M. TR. P. P. P. COS. VIII. Tête laurée à g.; (derrière, contremarque de l'ancien cabinet de Modène). ℞. S. C. L'Espérance debout à g. (222). GB. TB.

134 *Domitien*. CAESAR. AVG. F. DOMITIANVS. Tête laurée à dr. ℞. COS. V. Sarmate à genoux à dr., présentant une enseigne (43). Or. TB.

Voyez planche II.

135 CAESAR. AVG. F. DOMIT. COS. III. Tête laurée, barbue à dr. ℞. PRINCEPS. IVVENT. L'Espérance debout à g. (374). Or. Très belle pièce.

Voyez planche II.

136 IMP. CAES. DOMITIANVS. AVG. P. M. Tête laurée à dr. ℟. TR. POT. IMP. II. COS. VIII. DES. IIII. P. P. Buste casqué de Pallas à g. (608). Or. Très beau.

Voyez planche II.

137 ℟. COS. IIII. Pégase marchant à dr. (47). Arg. TB.

138 ℟. IMP. XXII. COS. XVI. CENS. P. P. Pallas debout à g. (282). Arg. TB.

139 ℟. IOVI. VICTORI. S. C. Jupiter nicéphore assis à g. (313). GB. B.

140 ℟. SALVTI. AVGVSTI. S. C. Autel (418). — ℟. VIRTVTI. AVGVSTI. S. C. La Valeur debout à dr. (651). MB. — Ens. 2 p. B.

141 IMP. DOMIT. AVG. GERM. Dans le champ, S. C. ℟. Rhinocéros à g. (674). PB. TB.

142 *Nerva*. IMP. NERVA. CAES. AVG. P. M. TR. POTE. Tête laurée à dr. ℟. COS. III. PATER. PATRIAE. Instruments de sacrifice (47 var.) Or. Très beau.

Voyez planche II.

143 ℟. AEQVITAS. AVGVSTI. L'Équité debout à g. (3). — ℟. CONCORDIA. EXERCITVVM. Mains jointes (16). Arg. — Ens. 2 p. TB.

144 ℟. FORTVNA. AVGVSTI. La Fortune debout à g. (66). TB.

145 ℟. LIBERTAS. PVBLICA. La Liberté debout à g. (113). Arg. TB.

146 ℟. LIBERTAS. PVBLICA. S. C. La Liberté debout à g. (108). — Même type (114). GB. — Ens. 2 p. B.

147 *Trajan*. IMP. TRAIANO. AVG. GER. DAC. P. M. TR. P. Buste lauré et drapé à dr. ℟. COS. V. P. P. S. P. Q. R. OPTIMO. PRINC. L'Arabie debout à g.; à ses pieds, un chameau (88). Or. TB.

Voyez planche II.

148 IMP. TRAIANVS. AVG. GER. DAC. P. M. TR. P. COS. VI. P. P. Même buste. ℟. FORVM. TRAIAN. Edifice à 6 colonnes, surmonté d'un char de triomphe, de trophées et de Victoires (168). Or. B. Rare.

149 ℟. ALIM. ITAL. S. P. Q. R. OPTIMO. PRINCIPI. L'Abondance et un enfant debout (9). Arg. TB.

150 ℟. COS. V. P. P. S. P. Q. R. OPTIMO. PRINC. La Paix debout à g. (81). Arg. TB.

151 ℟. L'Espérance marchant à g. (84). Arg. TB.

152 ℟. Trophée (100). Arg. TB.

153 ℟. FORT. RED. PM. TR. P. COS. VI. P. P. S. P. Q. R. La Fortune assise à g. (154). Arg. TB.

154 ℟. P. M. TR. P. COS. IIII. P. P. Victoire de face (240). Arg. TB.

155 ℞. P. M. TR. P. COS. VI. P. P. S. Q. R. Mars marchant à dr. (270). Arg. TB.

156 ℞. S. P. Q. R. OPTIMO. PRINCIPI. La Valeur debout à dr. (402). Arg. TB.

157 ℞. L'Abondance debout à g.; à dr., un vaisseau (467). Arg. TB.

158 ℞. FORTVNAE. REDVCI. S. C. La Fortune assise à g. (164). GB. TB.

159 ℞. S. P. Q. R. OPTIMO. PRINCIPI. S. C. La Fortune debout à g. (477). GB. TB.

160 *Plotine.* PLOTINA. AVG. IMP. TRAIANI. Buste diadémé à dr. ℞. CAES AVG. GERMA. DAC. COS. VI. P. P. Vesta assise à g., tenant le palladium et un sceptre (2). Or. TB.

Voyez planche II.

161 *Matidie.* MATIDIA. AVG. DIVAE. MARCIANAE. F. Buste diadémé à dr. ℞. PIETAS. AVG. Matidie de face entre ses deux filles (10). Arg. Très belle (peut être fourrée).

Voyez planche II.

162 *Adrien.* IMP. CAESAR. TRAIAN. HADRIANVS. AVG. Buste lauré, drapé à dr. ℞. LIB. PVB. P. M. TR. P. COS. III. La Liberté assise à g. (902). Or. Très beau.

Voyez planche II.

163 ℞. AEGYPTOS. L'Egypte couchée à g.; devant, un ibis (99). Arg. TB.

164 ℞. CLEM. P. M. TR. P. COS. III. La Clémence sacrifiant à g. (212). Arg. TB.

165 ℞. COS. III. La Concorde assise à g. (328). Arg. TB.

166 ℞. Rome nicéphore debout à g. (349). Arg. TB.

167 ℞. La Liberté debout à g. (374). Arg. TB.

168 ℞. Astre sur un croissant (460 var.). Arg. TB.

169 ℞. PIETAS. AVG. La Piété assise à g. (C. manque). Arg. TB.

170 ℞. P. M. TR. P. COS. III. Pallas combattant à dr. (1062). Arg. TB.

171 ℞. FELICITAS. AVG. S. C. La Félicité debout à g. (617). MB. — ℞. FELICITATI. AVG. COS. III. P. P. S. C. Vaisseau (657). GB. — Ens. 2 p. AB. et B.

172 *Sabine.* SABINA. AVGVSTA. HADRIANI. AVG. P. P. Buste à dr. avec la queue. ℞. CONCORDIA. AVG. La Concorde assise à g. (12). Arg. Très belle.

173 *Ælius.* AELIVS CAESAR. Tête nue à dr. ℞. PANNONIA. TR. POT. COS. II. S. C. La Pannonie debout (33). MB. B.

174 *Antonin.* ANTONINVS. AVG. PIVS. IMP. P. P. Tête laurée à dr. ℞. TR. POT. XIX. COS. IIII. Victoire marchant à g. (993). Or. Très beau.

Voyez planche II.

Etienne BOURGEY, Expert, 7, rue Drouot, Paris.

Phototypie Berthaud.

175 ℞. AEQVITAS. AVG. L'Équité debout à g. (13). — ℞. APOLLINI. AVGVSTO. Apollon debout de face (60). Arg. — Ens. 2 p. TB.

176 ℞. CONSECRATIO. Bûcher (164). — ℞. COS. IIII. La Fortune debout à dr. (267). Arg. — Ens. 2 p. TB.

177 ℞. L'Abondance debout à g. (284). Arg. Très beau.

178 ℞. TEMPLVM. DIV. AVG. REST. COS. IIII. Temple octostyle (804). Arg. Très beau.

179 ℞. TR. POT. COS. III. S. C. Mars à dr. et Rhéa Sylvia couchée (885). — ℞. Rome assise à dr. (892). MB. — Ens. 2 p. B. et TB.

180 *Antonin et Marc Aurèle*. ANTONINVS. AVG. PIVS. P. P. TR. P. COS. III. Tête nue à dr. ℞. AVRELIVS CAESAR. AVG. PII. F. COS. Tête nue à dr. (14). Arg. TB.

181 *Faustine mère*. DIVA. FAVSTINA. Buste à dr. ℞. AVGVSTA. L'Éternité voilée debout à g., tenant une patère et un gouvernail posé sur un globe (C. manque). Or. TB.

Voyez planche II.

182 ℞. CONCORDIAE. Antonin et Faustine se donnant la main (159). Arg. TB.

183 ℞. AVGVSTA. S. C. Cérès debout à g. (91). GB. — S. C. Croissant et 7 étoiles (275). MB. — Ens. 2 p. B.

184 *Marc-Aurèle*. AVRELIVS. CAESAR. AVG. PII. F. COS. II. Tête jeune nue à dr. ℞. HILARITAS. L'Allégresse debout à g. (233). Or. Très beau.

Voyez planche II.

185 ℞. CONSECRATIO. Aigle sur un foudre (82). Arg. TB.

186 ℞. IMP. VI COS. III. L'Équité debout à g. (259). Arg. TB.

187 ℞. PIETAS. AVG. TR. P. XX. COS. III. La Piété debout à g. (463). Arg. TB.

188 ℞. TR. P. XXXIII. IMP. X. COS. III. P. P. La Santé assise à g. (968). Arg. TB.

189 ℞. VICT. AVG. COS. III. Victoire allant à g. (979). Arg. TB.

190 *Faustine jeune*. FAVSTINA. AVG. PII. AVG. FIL. Buste à dr., en cheveux. ℞. CONCORDIA. Colombe à dr. (61). Or. Très belle.

Voyez planche II.

191 ℞. CERES. Cérès assise à g. (35). Arg. TB.

192 ℞. CONSECRATIO. Paon à dr. (71). Arg. TB.

193 ℞. Autel (75). Arg. TB.

194 ℞. FORTVNAE. MVLIEBRI. La Fortune assise à g. (107). Arg. TB.

195 ℞. IVNO. Junon debout à g. (120). Arg. TB.

196 FAVSTINA. AVGVSTA. Tête à dr. ℞. VENVS. S. C. Vénus debout à g. (268). GB. TB.

197 *L. Vérus*. L. VERVS. AVG. ARM. PARTH. MAX. Tête laurée à dr. ℞. TR. POT. VIII. IMP. V. COS. III. S. C. L'Équité assise à g. (214). GB. TB.

198 *Lucille*. LVCILLA AVGVSTA. Buste à dr. ℞. CONCORDIA. La Concorde assise à g. (7). Arg. B.

199 ℞. IVNONI LVCINAE. Junon assise à g., tenant un enfant emmailloté. (36). Arg. TB.

200 ℞. IVNO. REGINA. Junon debout à g. (41). Arg. TB.

201 ℞. VOTA. PVBLICA. dans une couronne de laurier (98). Arg. TB.

202 ℞. IVNO. S. C. Junon assise à g. (35). GB. — ℞. IVNO. REGINA. S. C. Junon debout à g. (44). MB. — Ens. 2 p. B et TB.

203 *Commode*. M. COMMODVS. ANTONINVS. AVG. Buste lauré, cuirassé à dr. ℞. LIBERAL. V. TR. P. VII. IMP. IIII. COS. III. P. P. Commode assis à g.; derrière lui, un soldat; devant, la Libéralité debout et un citoyen montant les degrés de l'estrade (313). Or. Très beau. Rare.

Voyez planche II.

204 ℞. APOL. PAL. P. M. TR. P. XVI. COS. VI. Apollon debout (25). — ℞. LIB. AVG. TR. P. V. IMP. IIII. COS. II. P. P. La Libéralité debout à g. (302). Arg. — Ens. 2 p. TB.

205 ℞. P. M. TR.P. VIIII. IMP. VI. COS. IIII. P. P. Pallas combattant à dr. (424). — ℞. TR. P. V. IMP. III. COS. II. P. P. La Fortune assise à g. (779). Arg. — Ens. 2 p. TB.

206 ℞. TR. P. V. IMP. IIII. COS. II. P. P. Trophée (791). — ℞. TR. P. VI. IMP. IIII. COS. III. P. P. Femme debout à g. (806). Arg. — Ens. 2 p. TB.

207 M. COMMODVS. ANT. P. FELIX. AVG. BRIT. Tête laurée à dr. ℞. FOR. RED. P. M. TR. P. XIII. IMP. VIII. COS. V. P. P. S. C. La Fortune assise à g. (153). GB. TB.

208. *Crispine*. CRISPINA. AVGVSTA. Buste à dr. ℞. DIS. GENITALIBVS. Autel allumé (15). Arg. TB.

209 ℞. IVNO. Junon debout à g. (21). Arg. TB.

210 ℞. VENVS. Vénus debout à g. (35). Arg. TB.

211 CRISPINA. AVGVSTA. Buste à dr. ℞. CONCORDIA. S. C. La Concorde assise à g. (6). GB. Très beau.

212 ℞. HILARITAS. S. C. L'Allégresse debout à g. (19). GB. — ℞. IVNO. REGINA. S. C. Junon debout à g. (25). MB. — Ens. 2 p. B.

213 *Pertinax*. IMP. CAES. P. HELV. PERTIN. AVG. Tête laurée à dr. ℞. OPI. DIVIN. TR. P. COS. II. L'Assistance divine assise à g. (33). Arg. B. Rare.

Voyez planche II.

214 *Albin.* IMP. CAES. D. CLO. SEP. ALB. AVG. Tête laurée à dr. ℟. FIDES. LEGION. COS. II. Mains jointes tenant une enseigne (25). Arg. TB.

215 *Septime Sévère.* SEVERVS. AVG. PART. MAX. Buste lauré, drapé à dr. ℟. RESTITVTORI. VRBIS. Sévère lauré, en habit militaire, sacrifiant à g. (611) Or. TB.

Voyez planche III.

216 ℟. FORTVNA. REDVX. La Fortune assise à g. (181). — ℟. INVICTO. IMP. Trophée (232). Arg. — Ens. 2 p. TB.

217 ℟. LIBERALITAS. AVG. V. La Libéralité à g. (296). — ℟. MONET. AVG. La Monnaie debout à g. (330). Arg. — Ens. 2 p. TB.

218 ℟. PART. MAX. P. M. TR. P. VIIII. Trophée (370). — ℟. P. M. TR. P. XII. COS. III. P. P. Génie sacrifiant à g. (464). Arg. — Ens. 2 p. TB.

219 Autre avec TR. P. XVI. (505). — ℟. P. M. TR. P. XVII. COS. III. P. P. Neptune debout à g. (529). Arg. — Ens. 2 p. TB.

220 ℟. VICTORIAE. BRIT. Victoire assise à g. (731). Arg. Très beau.

221 *S. Sévère et Julie Domne.* SEVERVS. AVG. PART. MAX. Son buste lauré et drapé à dr. ℟. IVLIA. AVGVSTA. Buste de Julie à dr. (1). Or. Très belle pièce. Rare.

Voyez planche III.

222 *Julie Domne.* IVLIA. DOMNA. AVG. Buste à dr. ℟. VENERI. VICTR. Vénus à demi-nue. vue par derrière, debout à dr. contre une colonne, tenant une pomme et une palme (193). Or. Très beau.

Voyez planche III.

223 ℟. IVNO. REGINA. Junon debout à g. (97). — ℟. PIETAS. PVBLICA. La Piété à g. près d'un autel (156). Arg. — Ens. 2 p. TB.

224 ℟. SAECVLI. FELICITAS. Isis à dr. allaitant Horus (174). — ℟. VESTA. Vesta assise à g. (226). Arg. — Ens. 2 p. TB.

225 *Caracalla.* ANTONINVS. PIVS. AVG. GERM. Buste lauré, cuirassé à dr. ℟. P. M. TR. P. XX. COS. IIII· P. P. Sérapis debout à g., tenant des épis et un sceptre (381). Or. Très beau.

Voyez planche III.

226 ℟. MONETA. AVG. La Monnaie à g. (165). — ℟. SEVERI. AVG. PII. F. Instruments de sacrifice (587). Arg. — Ens. 2 p. B

227 *Plautille.* PLAVTILLA. AVGVSTA. Buste à dr. ℟ CONCORDIA. AVGG. La Concorde debout à g. (1). Arg. TB.

228 ℟. PIETAS. AVGG. Plautille debout à dr. portant un enfant (16). — ℟. PROPAGO. IMPERI. Plautille donnant la main à Caracalla (21). Arg. — Ens. 2 p. B. et TB.

229 ℟. VENVS. VICTRIX. Vénus debout à g. et Cupidon (25). Arg. TB.

BIBLIOTHÈQUE NATIONALE RF MÉD. ET ANT.

230 *Géta*. P. SEPTIMIVS. GETA. CAES. Buste nu à dr. ℞. PROVID. DEORVM. La Providence debout à g. (170). Arg. TB.

231 *Macrin*. IMP. C. M. OPEL. SEV. MACRINVS. AVG. Buste lauré, drapé et cuirassé à dr. ℞. PONTIF. MAX. TR. P. COS. P. P. Jupiter nu debout à g., le manteau sur l'épaule g., tenant un foudre et un sceptre (Donné en Arg. par C. 55). Or. Superbe pièce. Rare.

Voyez planche III.

232 ℞. PONTIF. MAX. TR. P. COS. P. P. La Sécurité debout à g. (62). Arg. Très belle.

233 ℞. SALVS. PVBLICA. La Santé assise à g. (116). Arg. TB.

234 ℞. SECVRITAS. TEMPORVM. La Sécurité debout (122). Arg. TB.

235 *Elagabale*. IMP. CAES. M. AVR. ANTONINVS. AVG. Buste lauré, drapé et cuirassé à dr. ℞. VICTOR. ANTONINI. AVG. Victoire courant à dr. (288). Or. Très beau.

Voyez planche III.

236 *Julia Paula*. IVLIA. PAVLA. AVG. Buste à dr. ℞. CONCORDIA. La Concorde assise à g. (6). Arg. TB.

237 *Soémias*. IVLIA. SOAEMIAS. AVG. Buste à dr. ℞. VENVS. CAELESTIS. Vénus debout à g. (8). Arg. TB.

238 *Alexandre Sévère*. IMP. C. M. AVR. SEV. ALEXAND. AVG. Buste lauré à dr. ℞. FIDES. MILITVM. La Fidélité tenant 2 enseignes (52). Arg. Très beau.

239 ℞. MARS. VLTOR. Mars marchant à dr. (161). Arg. TB.

240 ℞. PAX. AETERNA. AVG. La Paix debout à g. (183). — ℞. P. M. TR. P. II. COS. P. P. La Santé assise à g. (239). Arg. — Ens. 2 p. TB.

241 ℞. P. M. TR. P. XI. COS. III. P. P. Le Soleil debout à g. (427). Arg. TB.

242 *Orbiane*. SALL. BARBIA. ORBIANA. AVG. Buste diadémé à dr. ℞. CONCORDIA. AVGG. La Concorde assise à g. (1). Arg. TB.

243 *Mamée*. IVLIA. MAMAEA. AVGVSTA. Buste à dr. ℞. FECVNDITAS. AVGVSTAE. S. C. La Fécondité debout à g. (9). MB. — ℞. VENVS. FELIX. S. C. Vénus assise à g. (69). GB. — Ens. 2 p. TB.

244 *Maximin I*. IMP. MAXIMINVS. PIVS. AVG. Buste lauré à dr. ℞. PAX. AVGVSTI. La Paix debout à g. (30). Arg. TB.

245 ℞. VICTORIA AVG. Victoire courant à dr. (99). Arg. TB.

246 *Pauline*. DIVA. PAVLINA. Buste voilé à dr. ℞. CONSECRATIO. Paon de face (1). Arg. Très belle.

Voyez planche III.

247 Même droit. ℞. CONSECRATIO. S. C. Pauline tenant un sceptre, assise à g. sur un paon qui l'enlève au ciel (3). GB. TB.

248 *Maxime*. MAXIMVS. CAES. GERM. Buste nu à dr. ℞. PRINC. IVVENTVTIS. Maxime à g., derrière, 2 enseignes (10). Arg. Très beau.

249 ℞. PRINCIPI. IVVENTVTIS. S. C. Maxime debout à g. (14). GB. TB.

250 *Gordien d'Afrique père*. IMP. M. ANT. GORDIANVS. AFR. AVG. Buste lauré à dr. ℞, ROMAE. AETERNAE. Rome nicéphore assise à g. (8). Arg. Très beau.

Voyez planche III.

251 *Balbin*. IMP. CAES. D. CAEL. BALBINVS. AVG. Buste radié et drapé à dr. ℞. CONCORDIA. AVGG. Deux mains jointes (3). Arg. Très beau.

252 La même pièce avec PIETAS. MVTVA. AVGG. (17). Arg. TB.

253 Même droit. ℞. P. M. TR. P. COS. II. P. P. S. C. La Paix debout à g. (19). GB. TB.

254 *Pupien*. IMP. CAES. PVPIEN. MAXIMVS. AVG. Buste radié à dr. ℞. CARITAS. MVTVA. AVGG. Deux mains jointes (3). Arg. TB.

255 IMP. CAES. M. CLOD. PVPIENVS. AVG. Même buste. ℞, LIBERALITAS. AVGVSTORVM. S. C. La Libéralité debout à g. (15). GB. TB.

256 *Gordien le Pieux*. IMP. GORDIANVS. PIVS. FEL. AVG. Buste lauré, drapé à dr. ℞. IOVI. STATORI. Jupiter nu debout de face, regardant à dr., tenant un sceptre et un foudre (108). Or. Très belle pièce.

Voyez planche III.

257 ℞. P. M. TR. P. IIII. COS. II. P. P. Apollon assis à g. (250). — ℞. Variété avec TR. P. V. (261). — ℞. PROVIDENTIA. AVG. La Providence debout à g. (302). Arg. — Ens. 3 p. TB.

258 ℞. P. M. TR. P. V. COS. II. P. P. S. C. Gordien debout à dr. (267). GB. — ℞. VICTORIA. AETER. S. C. Victoire debout à g. (352). MB. — Ens. 2 p. TB.

259 *Philippe père*. IMP. M. IVL. PHILIPPVS. AVG. Buste lauré, drapé à dr. ℞. P. M. TR. P. II. COS. P. P. La Paix debout à g., tenant un caducée et une corne d'abondance (Donné en Arg. par C. 118). Or. TB. mais troué.

Voyez planche III.

260 ℞. AETERNITAS. AVGG. Eléphant à g. (17). — ℞. SALVS. AVG. La Santé debout à g. (205). Arg. — Ens. 2 p. TB.

261 ℞. P. M. TR. P. IIII. COS. II. P. P. S. C. La Paix debout à g. (138). GB. *Otacilie*. ℞. PIETAS. AVGVSTAE. S. C. La Piété debout à g. (46). GB.— La Concorde assise à g. Billon (17). — Ens. 3 p. B.

262 *Philippe fils*. IMP. PHILIPPVS. AVG. Buste radié à dr. ℞. LIBERALITAS. AVGG. III. Les deux Philippe assis à g. (17). Billon. TB.

263 *Trajan Dèce.* IMP. C. M. Q. TRAIANVS. DECIVS. AVG. Buste lauré, cuirassé à dr. ℟. VBERITAS. AVG. La Fertilité debout à g., tenant une bourse et une corne d'abondance (104). Or. TB. mais troué.

Voyez planche III.

264 Même lég. Buste radié et cuirassé à dr. ℟. FELICITAS. AVG. S. C. La Félicité debout à g. (39). Médaillon. Br. TB.

265 *Etruscille.* HERENNIA. ETRVSCILLA. AVG. Buste diadémé à dr. ℟. PVDICITIA. AVG. La Pudeur assise à g. (22). GB. B.

266 *Hostilien.* C. OVAL. OSTIL. MES. COVINTVS. CAESAR. Buste radié à dr. ℟. AEQVITAS. AVG. L'Equité debout à g. (4 varié). Bill. TB.

267 *Mariniane.* DIVAE. MARINIANAE. Buste voilé et diadémé à dr. sur le croissant. ℟. CONSECRATIO. Paon de face (2). Billon. Très beau.

268 Même buste sans diadème. ℟. CONSECRATIO. Paon à dr., enlevant Mariniane (16). Billon TB.

269 *Quiétus.* IMP. C. FVL. QVIETVS. P. F. AVG. Buste radié à dr. ℟. APOLLINI. CONSERVA. Apollon debout à g. (3). Billon.

270 *Postume.* IMP. C. M. CASS. LAT. POSTVMVS. P. F. AVG. Buste radié à dr. ℟. FIDES. MILITVM. La Foi debout à g. (74). GB. B.

271 *Dioclétien.* DIOCLETIANVS. AVGVSTVS. Tête laurée à dr. ℟. CONSVL. IIII. P. P. PROCOS. Dioclétien lauré, en toge, debout à g., tenant un globe (46). Or. Très belle pièce.

Voyez planche III.

272 Même lég. Buste lauré, drapé et cuirassé à dr. ℟. IOVI. CONSERVATORI. Jupiter nu, debout de face, regardant à g., tenant un foudre et un sceptre; à ses pieds, un aigle (261). Or. Très beau.

Voyez planche III.

273 DIOCLETIANVS. P. F. AVG. Tête laurée à dr. ℟. Même lég. Jupiter assis à g. avec les mêmes attributs (266 var.). Or. Très beau.

Voyez planche III.

274 DIOCLETIANVS. AVG. Même tête. ℟. VIRTVS. MILITVM. Quatre soldats sacrifiant devant la porte d'un camp (517). Arg. TB.

275 *Maximien Hercule.* MAXIMIANVS. AVGVSTVS. Tête laurée à dr. ℟. CONSVL. III. P. P. PROCOS. Maximien lauré, en toge, debout à g., tenant un globe (78). Or. Très belle pièce.

Voyez planche III.

276 MAXIMIANVS. P. F. AVG. Même tête. ℟. VIRTVTI. AVG. Hercule nu, marchant à dr., brandissant sa massue et portant le sanglier d'Erymanthe (637). Or. TB. Trou rebouché. Extrêmement rare.

Voyez planche III.

277 *Galère Maximien.* MAXIMIANVS. NOB. C. Tête laurée à dr. ℞. VIRTVS MILITVM. Quatre soldats sacrifiant devant la porte d'un camp (216). Arg. TB.

278 *Licinius père.* LICINIVS. P. F. AVG. Tête laurée à dr. ℞. CONSVL. P. P. PROCONSVL. Licinius lauré, avec le manteau impérial, debout à g., tenant un globe et un sceptre (9 varié). Or. TB. mais troué.

Voyez planche III.

279 *Julien II.* FL. CL. IVLIANVS. P. P. AVG. Buste barbu, diadémé et drapé à dr. ℞. VIRTVS. EXERCITVS. ROMANORVM. Julien casqué marchant à dr., portant un trophée et traînant un captif (78). Sou d'or. Très belle pièce.

Voyez planche III.

280 La même pièce trouée. Sou d'or.

281 Même lég. Buste imberbe à dr. ℞. VOTIS. V. MVLTIS. X. dans une couronne (159). Arg. TB.

282 *Jovien.* D. N. IOVIANVS. P. F. P. AVG. Buste diadémé, drapé à dr. ℞. SECVRITAS. REIPVBLICAE. Rome et Constantinople assises (8). Sou d'or. B. Rare.

283 *Valentinien I.* D. N. VALENTINIANVS. P. F. AVG. Buste diadémé, drapé à dr. ℞. VICTORIA. AVGG. Valentinien et son fils assis de face (43). Sou d'or. TB.

284 *Valens.* D. N. VALENS. P. F. AVG. Buste diadémé, drapé à dr. ℞. VICTORIA AVGG. Valens et Valentinien assis de face (53). Sou d'or. Très beau.

285 Même droit. ℞. VIRTVS. EXERCITVS. Valens en habit militaire debout de face, tenant un labarum et un bouclier (71). Médaillon. Arg. TB. Très légère fente.

286 *Gratien.* D. N. GRATIANVS. P. F. AVG. Buste diadémé, drapé à dr. ℞. VICTORIA. AVGG. Gratien et Valentinien jeune assis de face (38). Sou d'or. TB.

287 ℞. VRBS. ROMA. Rome nicéphore assise à g. (86). Arg. TB.

288 *Valentinien II.* D. N. VALENTINIANVS. P. F. AVG. Buste diadémé, drapé à dr. ℞. VICTORIA. AVGG. Valentinien et Gratien assis de face (37). Sou d'or. Très beau.

289 Même droit. ℞. VICTORIA. AVGVSTORVM. Victoire debout (51). Triens. Or. Très beau.

290 D. N. VALENTINIANVS. IVN. P. F. AVG. Même buste. ℞. VRBS. ROMA. Rome nicéphore assise à g. (76 varié). Arg. TB.

291 *Théodose I.* D. N. THEODOSIVS. P. F. AVG. Buste diadémé, drapé à dr. ℞. VICTORIA. AVGG. Théodose et Valentinien II assis de face (37). Sou d'or. TB.

292 Même droit. ℞. VICTORIA. AVGGGI. Théodose à dr., foulant un captif (39). Sou d'or. TB.

293 *Magnus Maximus.* D. N. MAG. MAXIMVS. P. F. AVG. Buste diadémé, drapé à dr. ℞. RESTITVTOR. REIPVBLICAE. Maxime debout de face (4). Sou d'or. TB. mais troué.

294 Même droit. ℞. VIRTVS. ROMANORVM. Rome assise de face (20). Arg. TB.

295 *Honorius.* D. N. HONORIVS. P. F. AVG. Buste casqué et armé de face. ℞. CONCORDIA. AVGGG. Rome nicéphore assise de face (6). Sou d'or. TB.

296 Même lég. Buste diadémé, drapé à g. ℞. VICTORIA. AVGGG. Honorius debout à dr., foulant un captif (44). Sou d'or. TB.

297 *Constantin III.* D. N. CONSTANTINVS. P. F. AVG. Buste diadémé, drapé à dr. ℞. VICTORIA. AVGGG. Constantin à dr., foulant un captif (6). Sou d'or. TB.

298 *Jean.* D. N. IOHANNES. P. F. AVG. Buste diadémé, drapé à dr. ℞. VICTORIA. AVGGG. Jean debout à dr., foulant un captif (4). Sou d'or. TB.

Voyez planche III.

299 La même pièce. Sou d'or. B.

Voyez planche III.

300 *Majorien.* D. N. IVLIVS. MAIORIANVS. P. F. AVG. Buste casqué et armé à dr. ℞. VICTORIA. AVGGG. Majorien debout de face, le pied dr. sur un dragon (1). Sou d'or frappé à Arles. TB.

Voyez planche III.

301 *Anthémius.* D. N. ANTHEMIVS. P. F. AVG. Buste casqué et armé de face. ℞. SALVS REIPVBLICAE. Anthémius et Léon debout, soutenant un globe crucigère (6). Sou d'or. TB.

Voyez planche III.

302 Même lég. Buste diadémé à dr. ℞. Croix dans une couronne (21). Triens. Or. TB.

303 **Empire d'Orient** (1) *Arcadius.* D. N. ARCADIVS. P. F. AVG. Buste diadémé à dr. ℞. VICTORIA. AVGGG. Arcadius à dr., foulant un captif. (IV. 2). Sou d'or. TB.

304 ℞. VIRTVS. ROMANORVM. Rome nicéphore assise à g. (IV. 6). Arg. B.

(1) Les numéros entre parenthèses se rapportent à l'ouvrage de Sabatier : *Description générale des monnaies Byzantines.*

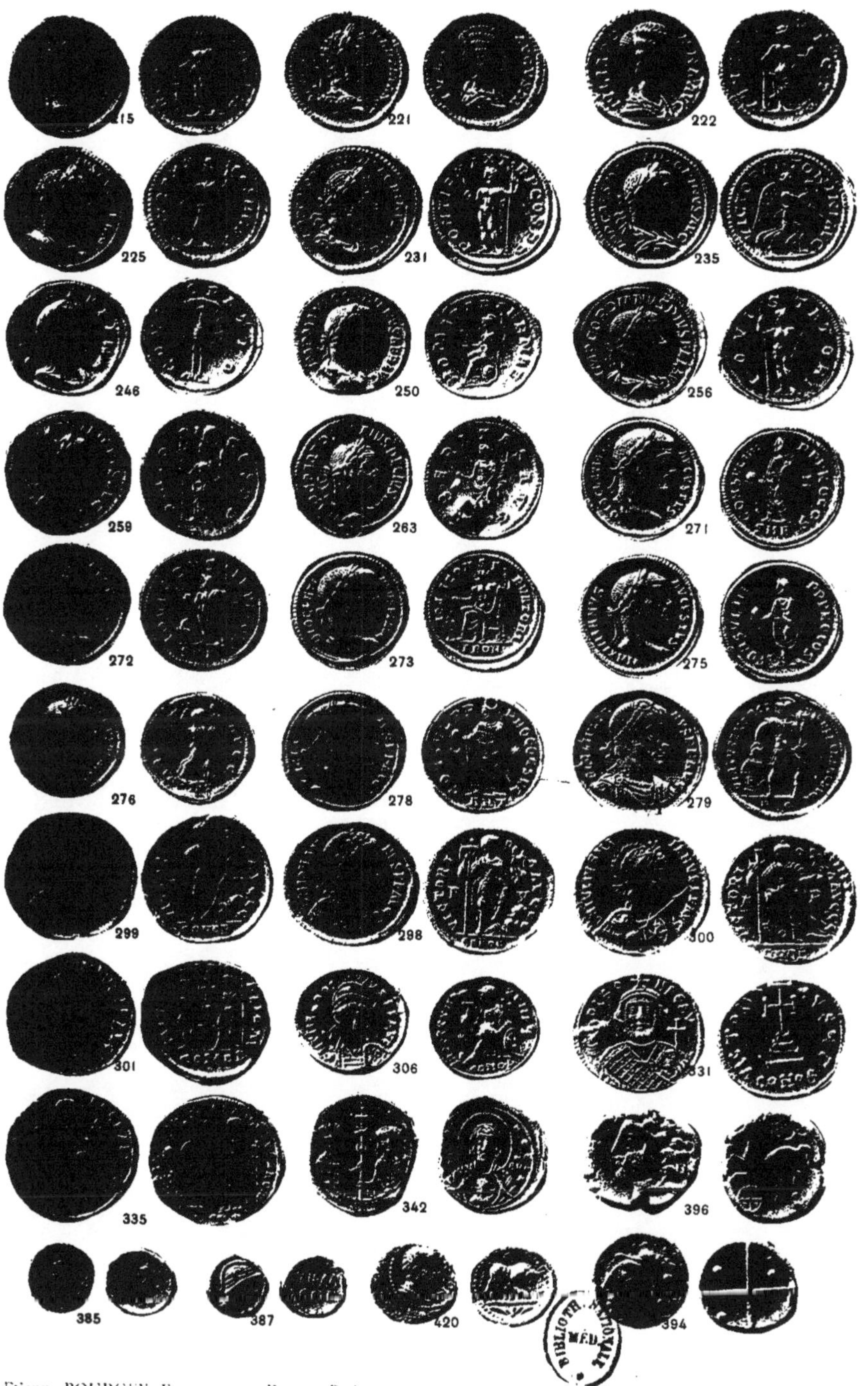

Etienne BOURGEY, Expert, 7, rue Drouot, Paris.

Phototypie Berthaud.

BIBLIOTH. NATIONALE MÉD.

305 *Théodose II.* D. N. THEODOSIVS. P. F. AVG. Buste casqué et armé de face. ℞. VOT. XXX. MVLT. XXXX. Rome assise à g. (V. 6). Sou d'or. TB.

306 Même types avec IMP. XXXXII. COS. XVII. P. P. (Cf. V. I). Demi-sou inédit. Or. B.

Voyez planche III.

307 *Marcien.* D. N. MARCIANVS. P. F. AVG. Buste casqué et armé de face. ℞. VICTORIA. AVGGG. Victoire crucigère debout à g. (VI. 6). Sou d'or. TB.

308 *Léon I.* D. N. LEO. PERPET. AVG. Buste casqué et armé de face. ℞. Même type. (VI. 22). Sou d'or. TB.

309 *Basilisque.* D. N. BASILISCVS. P. P. AVG. Buste casqué et armé de face. ℞. Le même. (VIII. 14). Sou d'or, troué mais TB.

310 *Anastase.* D. N. ANASTASIVS. P. P. AVG. Buste casqué et armé de face. ℞. VICTORIA. AVGGGS. Victoire debout à g. (VIII. 24). Sou d'or. TB.

311 *Anastase et Théodoric.* D. N. ANASTASIVS. P. F. AVG. Buste diadémé à dr. ℞. INVIC + TA. ROMA. Monogramme de Théodoric (XVIII. 3). Arg. TB. Rare.

312 *Justinien.* D. N. IVSTINIANVS. P. P. Buste casqué de face, tenant un globe. ℞. VICTORIA. AVGGG. Victoire de face (XII. 3). Sou d'or. TB.

313 Buste diadémé à dr. ℞. Victoire (XII 5). Triens. Or. TB.

314 Même droit. ℞. PK dans une couronne de laurier (XII, 18). Arg. TB.

315 Buste casqué de face, tenant un globe. ℞. ANNO.XXI. KYZ. Indice M (XIV, 2 var.). — Variété avec XIII. NIKO (3). Follis, GB. — Ens. 2 p. B. et TB.

316 *Maurice Tibère.* D. N. MAVRC. TIB. P. P. AVC. Buste casqué de face. ℞. Victoire de face (XXIV, 10). Sou d'or. TB.

317 Buste diadémé à dr. ℞. Victoire (XXIV, 12). Demi-sou. Or. TB.

318 *Phocas.* D. N. FOCAS. PERP. AV. Buste diadémé de face. ℞. Victoire debout (XXVI, 27). Sou d'or. TB.

319 *Héraclius et Héraclius-Constantin.* Leurs bustes diadémés de face. ℞. Croix sur 3 degrés (XXIX, 18). Sou d'or. TB.

320 Mêmes types (XXIX, 22). Sou d'or globuleux. B.

321 Les deux Augustes assis de face. ℞. DEVS. ADIVTA. ROMANIS. Croix sur un globe et 3 degrés (XXIX, 24). Miliarésion. Arg. B. Rare.

322 *Héraclius, Héraclius-Constantin et Héracléonas.* Les trois Augustes debout. ℞. Croix sur 3 degrés (XXXI, 6). Sou d'or. TB.

323 *Constant II.* Buste diadémé de face. ℞. Croix sur 2 degrés (XXXII, 4 var.). Sou d'or globuleux. B.

324 Buste de face avec le globe crucigère. ℞. Croix sur 3 degrés (XXXII, 5). Sou d'or. TB.

325 Variété avec longue barbe en éventail (S. manque). Sou d'or. TB.

326 Buste diadémé à dr. ℞. Croix sur un globe (S. manque). Demi-sou. Or. Très beau.

327 Même droit. ℞. Croix pattée (S. manque). Triens. Or. Très beau.

328 *Constant II et Constantin Pogonat.* Leurs bustes diadémés de face. ℞. Croix pattée sur 3 degrés (XXXIV, 2). Sou d'or. TB.

329 *Constantin Pogonat, Héraclius et Tibère.* Buste de Constantin de face. ℞. Héraclius et Tibère debout; entre eux, une croix (XXXV, 14). Sou d'or. TB.

330 *Tibère III.* Buste de face. ℞. Croix pattée sur 3 degrés (XXXVII, 24). Sou d'or. B.

331 *Léon III.* D. LEON. P. E AV. Buste de face. ℞. Croix pattée sur 3 degrés (XXXIX, 7). Sou d'or. Superbe.

Voyez planche III.

332 *Léon III, Constantin V et Léon IV.* Bustes de Constantin V et de Léon IV de face. ℞. Buste de Léon III de face (XL, 16). Sou d'or. TB.

333 La même pièce, flan plus large. Sou d'or, trou rebouché, mais TB.

334 *Michel III et Théophile.* Buste de Michel III de face. ℞. Buste de Théophile de face (XLII, 17). Sou d'or. Troué, mais TB.

335 *Alexandre.* + ALEXANDROS. AVGVSTOS. ROM. Alexandre debout avec les insignes impériaux, couronné par saint Alexandre debout à sa g., qui tient une croix. ℞. + IHS. XRS. REX. REGNANTIVM. Le Christ assis de face, bénissant (XLVI, 3 — 1000 fr.). Sou d'or. Très beau. De la plus grande rareté.

Voyez planche III.

336 *Constantin X et Romain II.* Les deux Augustes en buste, de face et soutenant une croix. ℞. Buste du Christ de face (XLVI, 18). Sou d'or. TB.

337 *Nicéphore Phocas.* Buste nimbé de la Vierge et de Nicéphore, tenant une croix. ℞. Buste de face du Christ (XLVII, 12). Sou d'or. Troué, mais TB.

338 *Constantin XI.* Buste de face tenant le labarum. ℟. Buste de face du Christ (XLVIII, 20). Sou d'or. TB.

339 *Constantin XIII.* L'empereur de face, tenant le labarum. ℟. Le Christ assis de face (L, 3). Sou d'or concave. B.

340 *Romain IV, Eudocie et ses trois fils.* Le Christ debout, couronnant Romain et Eudocie. ℟. Les trois enfants debout (L, 11). Sou d'or concave. B.

341 *Michel VII.* Buste barbu de face. ℟. Buste du Christ de face (S. p. 175, 2). Sou d'or. TB. Troué.

342 *Michel VII et Marie.* Leurs bustes de face, tenant une croix. ℟. Buste de la Vierge de face, avec le médaillon du Christ (LI, 9). Sou d'or. TB. Rare.

Voyez planche III.

343 *Jean II.* La Vierge couronnant l'empereur debout. ℟. Le Christ assis de face (LIII, 12). Sou d'or concave. TB.

344 *Manuel I Comnène.* La Vierge debout, couronnant Manuel. ℟. Le Christ assis de face (S. manque; Cf. LV, 12, arg.). Sou d'or concave. TB.

345 *Andronic I Comnène.* Le Christ debout, couronnant l'empereur. ℟. La Vierge en Orante, portant le médaillon de l'Enfant Jésus (LVII, 4). Sou d'or. Concave. TB.

MONNAIES CELTIBÉRIENNES (1)

---

346 **Ilerda** (IX, 8, 16). **Celsa** ou **Succosa** (XI, 3). **Celsa** (XI, 12). Br. — Ens. 4 p. B.

347 Autres (XI, 14, 15). Br. *Auguste* (XII, 23). PB. — Ens. 3 p. B.

348 **Setiacum** (XII, 2). Br. **Osca** (XIII, 2). Denier. Arg. *Auguste* (XIII, 14). MB. — Ens. 3 p. B. et TB.

349 **Calagurris**. *Auguste* (XV, 9 et 16). MB.— (XVI, 23). MB. — (XVI, 25), PB. *Tibère* (XVI, 29). MB. — Ens. 5 p.

(1) Les numéros entre parenthèses se rapportent à l'ouvrage de A. Heiss: *Monnaies antiques de l'Espagne.*

350 **Olais** (XVIII, 1). **Olige** (XVIII, 2). Br. — Ens. 2 p. B. Rares.

351 **Segia**. Tête à dr.; derrière, 2 dauphins. ℞. Cavalier, la lance en arrêt, galopant à dr. (XVIII, 2), Br. TB. Rare.

352 **Eresi** (XXI, 1). Br. **Turiaso** (XXII, 2). Denier. Arg. — Ens. 2 p. B.

353 **Saguntum** (XVII, 1 et 11). Br. B., la seconde TB. — Ens. 2 p. Rares.

354 — Autres (XXVIII, 15 et 16). Br. — Ens. 2 p. B. et rares.

355 **Valentia**. C. LVCIEN. Tête de Pallas à dr. ℞. VALENTIA. Corne d'abondance (XXVIII, 2). GB. TB. Rare.

356 **Clunia**. *Tibère* (XXIX, 2). MB. **Tutia** (XXX, 2). Br. — Ens. 2 p. B. et TB.

357 **Aregrat** (XXXI, 2). Denier. Arg. — (XXXI, 6 et 8). Br. — Ens. 3 p. B.

358 **Arsa**. Tête à dr. entre 2 dauphins. ℞. Cavalier tenant un dard, galopant à dr. (XXXII, 2). Denier. Arg. TB.

359 **Toletum**. CELT. AMB. EX. S. C. Tête à dr. R. TOLE. Cavalier armé d'une lance à dr. (XXXIV, 2). Br. TB. et très rare.

360 **Segobriga** (XXXV, 8). *Tibère* (XXXV, 10). MB. **Carthagonova**. *Caligula et Césonie* (XXXVI, 36). PB. — Ens. 3 p. B. Rares.

361 **Gili** (XXXVII, 1). Br. **Illici**. *Auguste* (XXXVII. 5). PB. *Tibère*. (XXXVII, 8). MB. — Ens. 3 p. rares.

362 **Saetabis** (XXXVIII, 3). **Segisa** (XXXVIII. 7). Br. — Ens. 2 p. B.

363 **Castulo** (XXXIX, 8 et XL, 22). Br. **Corduba**. *Auguste* (XLII, 4). GB. — Ens. 3 p. rares.

364 **Obulco** (XLIII, 18 et 18 varié). Br. — Ens. 2 p.

365 Autres, petit module (XLIV, 27 et 30). Br. — Ens. 2 p. TB.

366 **Iliberis**. Tête imberbe à dr. ℞. Guerrier galopant à g. sur deux chevaux (XLVIII, 1). Denier. Arg. Très beau.

367 La même pièce variée (XLVIII, 3). Denier. Arg. TB.

368 **Gades** (LI, 9). MB. — (LII, 26). PB. — (LII, 37). Br. médaillon. — Ens. 3 p. rares.

369 **Asido** (LV, 4). Br. 2 p. variées. TB. Rares.

370 **Ilipense** (LVI, 2). Br. **Italica**. Tibère (LVI, 8). MB. — Ens. 2 p. B.

371 Lot de monnaies celtibériennes non classées. Br. 20 p.

MONNAIES GAULOISES [1]

372 **Massilia.** Tête d'Apollon à g. ℟. Taureau cornupète à dr. (IV, 1476, 1491, 1494, 1499). Br. 5 p. B.
373 Variétés (1512, 1515, 1522, 1524). Br. 5 p. B.
374 Autres; module plus petit (1548, 1554, 1563, 1568). Br. 5 p. B.
375 Autres, moyen et petit module (1572, 1593, 1601). 7 p. — Tête d'Apollon à dr. ℟. Taureau à dr. (1603). PB. 10 p. — Ens. 17 p. B.
376 Variétés (1613, 1673, 1676, 1699, 1704, 1714, 1723, 1725, 1808, 1812). PB. 18 p. B.
377 MACA. Tête casquée à dr. ℟. MACCA. Aigle (1972). PB. TB. Rare.
378 *Imitation des drachmes de Massilia.* Tête de Diane à dr. ℟. Lion à dr. (V, 2126). — Variétés. Arg. — Ens. 5 p. TB.
379 Autres variétés. Arg. 5 p. TB.
380 Autres variétés. Arg. 10 p. B. et TB.
381 Autres variétés. Arg. 15 p. B.
382 Tête de Diane couronnée d'olivier à dr. ℟. ΔΙΚΟΑ. Lion à dr. (V. 2169). Arg. B. et rare.
383 *Imitations par les Lémovices.* Tête laurée à dr. ℟. Lion à dr. dans l'attitude du taureau cornupète; au-dessus, une lampe suspendue; au bas, un épi (V, 2250). Arg. TB. Rare.
384 La même pièce variée. Arg. B. et rare.
385 **Cabellio.** *Lépide.* CABE. Tête de nymphe à dr. ℟. LEPI. Corne d'abondance dans une couronne de myrte (VI, 2545). Obole. Arg. TB.

Voyez planche III.

386 CABE. Tête de nymphe. ℟. COL. Tête casquée (VI, 2572). PB. — *Auguste.* CABE. Tête tourelée. ℟. CAESAR. AVG. Corne d'abondance (VI, 2556). PB. — Ens. 2 p. TB.

---

(1) Les numéros entre parenthèses se rapportent aux ouvrages de Muret : *Catalogue des Monnaies gauloises*, et de M. H. de La Tour : *Atlas de monnaies gauloises.*

387 **Nemausus**. Tête casquée à dr. ℞. NEM. COL. dans une couronne de laurier (VII, 2718). Obole. Arg. TB. Rare.

Voyez planche III.

388 *Auguste et Agrippa.* Têtes adossées. ℞, COL NEM. Crocodile attaché à un palmier (2747). MB. TB.

389 **Narbo**. Tête de Diane à dr. ℞. Lég. celtibérienne. Taureau bondissant à dr. (Heiss, LXV, 3). MB. 5 p.

390 Autres variétés (Heiss, LXV, 3, 6, 11). MB. 5 p. B. Rares.

391 **Volcae Tectosages**. Tête négroïde à g. ℞. Croix cantonnée de croissants (VIII, 2986). — Tête à dr. (3056). — Tête à g. (IX, 3132). Arg. — Ens. 3 p. TB.

392 Variétés (IX, 3190, 3254, 3263). Arg. 3 p. TB.

393 Tête informe. ℞. Croix cantonnée de symboles (IX, 3293 var.). — Tête à g. ℞. Sanglier à g. (X, 3433). — Tête à g. ℞. Croix (X, 3467). Arg. — Ens. 3 p. TB.

394 Tête diadémée à g. ℞. Croix cantonnée de 4 points (manque à M.). Drachme. Arg. TB.

Voyez planche III.

395 **Elusates**. Tête informe. ℞. Cheval à g. (XI, 3587). Arg. TB.

396 **Arverni**. Tête jeune, imberbe à g. ℞. Cheval galopant à g.; dessus, un oiseau; dessous, une roue (XI, 3701). Statère. Or. TB.

Voyez planche III.

397 Tête jeune, imberbe à g. ℞. Cheval galopant à dr.; dessus, un aurige; dessous, un lévrier à dr. (XI, 3176 varié). Statère. Or.

398 Tête jeune, imberbe à g. ℞. Cheval galopant à g.; dessus et dessous, une lyre (XI, 3740). Statère. Or. TB. Rare.

Voyez planche IV.

399 Tête jeune, imberbe à g. ℞. Cheval galopant à g.; dessus, fleuron; dessous, cigogne à dr., mangeant un serpent (XII, 3755). Statère. Or. TB. Rare.

Voyez planche IV.

400 Tête à g. ℞. Cheval galopant à g.; dessus, symbole S; dessous, une amphore (XII, 3758 var.). Statère. Or. TB.

Voyez planche IV.

401 CAS. Tête jeune diadémée à g. ℞. Cheval à g.; dessus, lyre; des sous, fleur à 4 pétales (XII. 3761). Statère. Or. B. et rare.

Voyez planche IV.

402 La même pièce sans légende et d'un autre coin. Statère. Or. TB. Rare.

Voyez planche IV.

403 Tête jeune à g. ℟. Cheval galopant à g.; dessus, symbole ∾; dessous, une amphore (XII, 3767). Statère. Or. TB.

Voyez planche IV.

404 *Ciciidu.* CICIIDV. Buste imberbe à dr. ℟. Cavalier galopant à dr.; dessous, fleurons (XII, 3894). Br. TB. Rare.

405 — Variété avec CICIIDV. BRI. Br. B.

406 — Autre légèrement variée. Br. B.

407 *Epadnactus.* EPAD. Buste casqué à dr. ℟. Guerrier debout, tenant une enseigne, une lance et un bouclier rond (XII, 3900). Arg. TB. Rare.

408 *Calidu.* CALIIDV. Buste imberbe à dr. ℟. Cheval galopant à g.; dessus, un bouclier rond (XII, 3931). Br. Très beau. Rare.

409 *Vergasillaunus.* VERGA. Buste imberbe à g. ℟. Cheval galopant à g. ℟. Cheval au pas à dr.; dessus, point centré (XII, 3943). Br. TB.

410 *Iipos.* Tête imberbe à g. ℟. (IIPOS). Cigogne marchant à g. (XII, 3952). Br. B. Rare.

411 *Pictilos.* PICTILOS. Buste imberbe à dr. ℟. Cheval galopant à dr.; dessus, rinceau (XII. 4007). Arg. TB. Rare.

412 **Bituriges-Cubi.** Tête à dr.; les cheveux en grosses mèches. ℟. Cheval galopant à dr.; sur la croupe, grue à dr.; dessous, un trèfle (XIII. 4066). Demi-statère. Or. TB. Rare.

Voyez planche V.

413 Tête à g. ℟. Cheval au pas à g.; dessus, une épée, dessous, étoile (XIV. 4097). Arg. TB.

414 *Cambotre.* Tête à g. ℟. CAMBOTRE. Cheval galopant à g.; dessus, une épée (XIV. 4131). Arg. TB.

415 Tête à g. ℟. CAM. Cheval à g.; dessus. branche d'arbre (XIV. 4139) Arg. TB.

416 *Abudos.* Tête à g., les cheveux en grosses mèches. ℟. ABVDOS. Cheval galopant à g.; dessus, 3 annelets (4154). Br. TB.

417 *Abucato.* Tête à g., les cheveux en grosses mèches. ℟. ABVCATO. Cheval galopant à g.; au-dessus, aigle éployé; dessous, trois annelets (XIV. 4173). Statère. Or. TB.

Voyez planche IV.

418 **Petrocorii.** *Contoutos.* CONTOVTOS. Tête nue de Marc-Antoine à dr. ℟. Loup à dr., la patte sur un bucrâne; derrière, un arbre (XII. 4316). Br. TB.

419 *Lucios.* LVCCIOS. Tête laurée d'Auguste à dr. ℞. Sanglier à dr. (XII. 4340). Br. B.

420 *Atectorix.* ATECTORI. Tête nue à dr. ℞. Taureau à dr.; dessus, couronne; dessous, fleuron (XII. 4349). Br. TB.

Voyez planche III.

421 Mêmes pièces un peu variées. Br. 2 p. B.

422 *Sex. f. t. Pom.* SEX. F. Tête nue à dr.; derrière, fleuron. ℞. T. POM. Taureau à dr. (XII. 4353). Br. TB.

423 La même pièce d'un autre coin. Br. B.

424 *Petrocorii?* Tête ornée du torquès à g.; cheveux bouclés. ℞. Cheval galopant et aurige à dr.; dessous, rinceau (M. manque). Drachme. Arg. TB. Rare.

Voyez planche IV.

425 **Cadurci.** Tête informe. ℞. Cheval au pas à g. (XII. 4365 var.) Obole. Arg. B.

426 *Lucterius.* LVXTIIPIOS. Tête nue, imberbe à dr. ℞. Cheval au pas à dr.; au-dessus, enseigne (XII. 4367). Br. TB. Très rare.

Voyez planche V.

427 *Tatinos.* Tête barbue, diadémée et ailée à dr. ℞. TATINOS. Cavalier galopant à dr. (XIII. 4383). Br. B. Rare.

428 **Pictones.** Tête à dr., entourée de cordons. ℞. Aurige et cheval androcéphale à dr.; dessous, main (4413). Statère de bas alliage.

429 Tête imberbe à dr. ℞. Cavalier avec bouclier galopant à dr.; dessous, main (XIII. 4433). — Tête à dr. avec grosses mèches, croix sur la joue. ℞. Le même (4439). Arg. — Ens. 2 p. B. et TB.

430 Même tête variée. ℞. Même cavalier; dessous, fleuron (XIII. 4446). — Autre. Cavalier ailé à dr. (4461). Arg. — Ens. 2 p. B.

431 *Durat Julios.* DVRAT. Tête diadémée de Vénus à g. ℞. IVLIOS. Cheval galopant à dr; dessus, un temple (XIII, 4478). Arg. TB.

Voyez planche V.

432 *Verotal.* Tête de Vénus à g. ℞. VIIPOTAL. Guerrier debout, tenant une haste, le sanglier-enseigne et un bouclier (XIII. 4484). Arg. Très beau. *Voyez planche V.*

433 La même pièce, peu variée. Arg.

434 **Santones.** Tête à dr., les cheveux en grosses mèches. ℞. Cheval androcéphale galopant à dr., conduit par un aurige tenant le torquès; dessous, main (XIII. 4512). Statère. Electrum. TB.

Voyez planche IV.

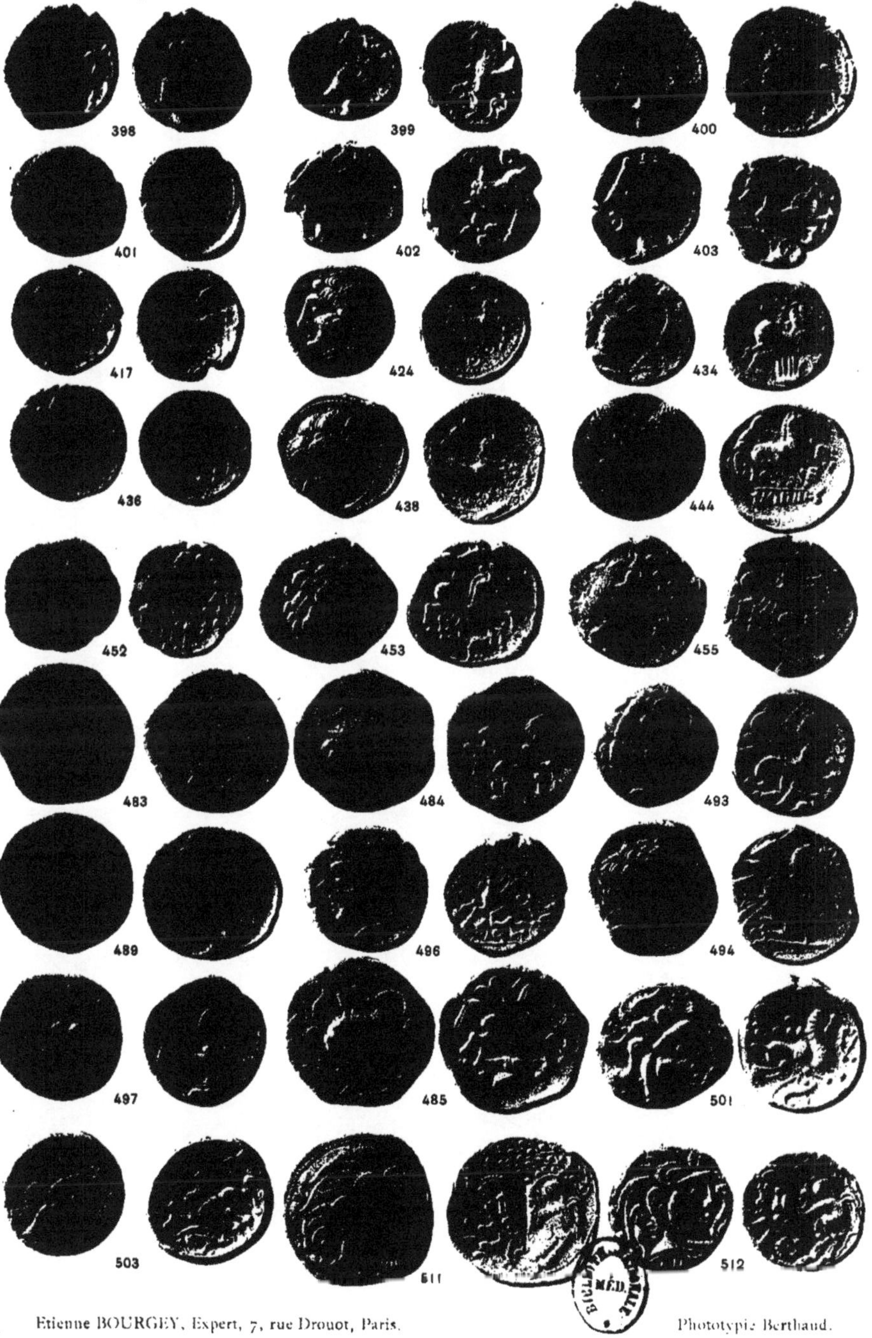

BIBLIOTHÈQUE MÉD.

Etienne BOURGEY, Expert, 7, rue Drouot, Paris. Phototypie Berthaud.

435 Même tête entourée d'un cordonnet perlé. ℞. Même type, l'aurige peu visible. Statère. Or. B.

436 **Lemovices.** Tête laurée à dr. ℞. Bige à dr.; sous les chevaux, une fleur; à l'exergue, ΠVΠΠ'' (XIII. 4543 var.). Statère. Or. B.
Voyez planche IV.

437 Même pièce d'un autre coin. A l'exergue, ΛΠΟV. Statère. Or. B.

438 Tête de Diane à dr. ℞. Bige au galop à dr.; dessous, fleur et épi (XIII. 4549). Arg. TB. *Voyez planche IV.*

439 Tète à dr.; les cheveux en 3 grosses mèches. ℞. Cheval galopant à dr.; au-dessus, tête à dr. (XIV. 4561). Arg. TB.

440 Même tête à dr. ℞. Cheval à g.; au dessus, tête à g.; dessous, point centré (M. manque). Arg. TB. Rare.

441 Même tête à g. ℞. Le précédent (XIV. 4572). Arg. TB.

442 *Indéterminée.* Tête laurée d'Apollon à dr. ℞. Griffon courant à dr.; dessous, étoile à 5 rais (4608). Quart de statère. Or. TB.
Voyez planche V.

443 **Segusiavi.** SEGISV en creux sur une tête barbare. ℞. Génie ailé de face au-dessus d'un cheval à dr. (VII. 4628). Potin. TB.

444 **Ædui.** Tête laurée d'Apollon à dr. ℞. Bige au galop à dr.; sous les chevaux, trident; à l'exergue, ΦΙΛΠΙΠ·Υ (XV. 4832 var.). Statère. Or. TB. *Voyez planche IV.*

445 Buste de Diane à g. ℞. Cheval galopant à g.; dessous, dauphin (4807). *Diasulos.* Tête nue à g. ℞. DIASVLOS. Cheval galopant à dr. (XV. 4871). Arg. — Ens. 2 p. B.

446 *Doubno.* Tête nue à g. ℞. DNO. Cheval à dr. (XV. 4886). Arg. TB.

447 *Anorbos-Dumnorix.* ANORBO. Tête casquée à dr. ℞. DVBNOR. Cheval galopant à dr.; dessus, annelet (XV. 4972). Arg. TB.
Voyez planche V.

448 Mêmes pièces variées. Arg. 2 p. B.

449 *Anépigraphes.* Tête casquée à g. ℞. Cheval au galop à g. (XVI. 5099). — Variété (XVI. 5252). Arg. — Tête barbare à g. ℞. Aigle éployé de face (XVI. 5275). Pot. 2 p. — Ens. 4 p. B.

450 **Sequani.** Tête bouclée à g. ℞... VANO... OS... Sanglier a g. (XVI. 5351). Arg. — Tête laurée à g. ℞. Taureau à g. (XVI. 5390). Potin. — Q. DOCI. Tête à g. ℞. Cheval à g. (XVI. 5405). Arg. — Ens. 3 p. B.

451 *Togirix.* Tête casquée à g. ℞. TOGIRI. Cheval à g. (XVI. 5550). Arg. — Tête de Pallas à dr. ℞. AVSCRO. Cavalier à dr. (5760). — Tête de Pallas. ℞. CN. VOL. Cavalier à dr. (XVIII. 5895). Br. — Ens. 3 p. B.

452 **Carnutes**. Tête d'Apollon à dr. ℞. Aurige dans un bige à dr.; sous les chevaux, lyre renversée (XVIII. 5947). Statère. Or. TB. Rare.

Voyez planche IV.

453 La même pièce d'un autre coin; meilleur travail. Statère. Or. Très belle pièce.

Voyez planche IV.

454 Mêmes types (XVIII. 5950). Quart de statère. Or. TB. Rare.

Voyez planche V.

455 Tête d'Apollon à dr. ℞. Aurige dans un bige à dr.; sous les chevaux, lyre renversée; à l'exergue, une grecque curviligne (XVIII. 5951). Statère. Electrum. TB. Rare.

Voyez planche IV.

456 Tête d'Apollon à dr. ℞. Aurige conduisant un cheval au galop à dr.; dessous, une lyre renversée (XVIII. 5955). Quart de statère. Or. B. *Voyez planche V.*

457 Tête avec grosses mèches à dr. ℞. Deux chevaux superposés galopant à dr. (XVIII. 5986). — Variété, tête avec moustache en croc (XVIII. 5994). Arg. — Ens. 2 p. B.

458 Tête imberbe à dr. ℞. Deux chevaux superposés à g. (6002). — Variété, la tête à g. (XVIII. 6011). Arg. — Ens. 2 p. B.

459 Tête à g. ℞. Cheval galopant à dr.; dessus, un loup accroupi; dessous, triskèle (6023). Arg. TB.

460 Tête à g.; sur la joue, croix pommetée. ℞. Le précédent (6028). Arg. B.

461 Tête de Vénus à dr., derrière, une fleur. ℞. Aigle combattant un serpent (XIX. 6077). Br. TB.

462 Tête jeune à dr. ℞. Aigle, aiglon, serpent, pentagone et croisette cantonnée de points (XIX. 6088). Br. TB.

463 Tête à dr. ℞. Aigle, pentagone et croisette (XIX. 6108). — Variété; aigle, serpent et rouelle (XIX. 6117). Br. — Ens. 2 p.

464 Tête à g. ℞. Aigle éployé de face, regardant à g. (6137 varié). Arg. B. Rare.

465 Tête à dr. avec 3 tresses ondulées. ℞. Loup à g.; derrière, un arbre (XIX. 6188 var.). Potin. TB.

466 Tête à g. ℞. Cheval à dr.; dessous, un sanglier à dr. (XIX. 6202). Br. TB.

467 *Tasgetios*. ΕΛΚΕSΟΟΥΙΖ· Tête d'Apollon à dr.; derrière, une feuille. ℞. TASGIITIOS· Pégase galopant à dr. (XIX. 6295). Br. B.

468 *Conetodun.* Tête dégénérée. ℞. Lion marchant à dr. ; sur son dos, un oiseau ; à l'exergue, **TAIIO**. (XIX. 6314). Br. TB. Rare.

469 *Andecom.* **ANDECOM**. Tête diadémée à g. ℞. **ANDECOM**. Cheval galopant à g. ; dessous, sanglier (XIX. 6342). Arg. TB.

470 Variété, sans la légende du droit (6352). Arg. TB.

471 *Toutobocio-Atepilos.* **TOVTOBOCIO**. Tête imberbe à g. ℞. **ATEPILOS**. Lion marchant à dr. (XX. 6361). Br. TB. Rare.

Voyez planche V.

472 *Drucca.* **DRVCCA**. Tête de Vénus à dr. ℞. Femme nourrissant un serpent (XX. 6396). Br. B. Rare.

473 ..**VB**... Tête de femme à dr. ℞. **DRVCCA**. Victoire debout à g., tenant uue haste (Inédite). Br. B. Très rare.

474 *Carnutes ?* Tête à dr. avec moustache et cheveux enroulés. ℞. Cheval galopant à dr. avec cavalier semblant voltiger ; dessous, fleuron en forme de sautoir. Drachme. Arg. TB.

475 **Osismii**. Tête d'Ogmios à dr. entourée de cordons de perles. ℞. Bige à dr. ; devant, **X** (XXII. 6538). Statère. Or.

476 Tête d'Ogmios à dr., surmontée d'un sanglier et entourée de cordons reliant des têtes. ℞. Cheval androcéphale à g. entouré de cordons avec têtes ; dessous, un sanglier à dr. (XXII. 6541). Billon. TB.

477 **Curiosolitae**. Tête d'Apollon-Bélénos à dr. avec cheveux enroulés ; devant, un fleuron. ℞. Cheval à tête d'oiseau à dr. ; dessous, sanglier à dr. (XXII. 6598). Billon. TB.

478 Variété d'un coin différent (XXII. 6614). Billon. TB.

479 Même tête, le nez en forme d'Upsilon couché. ℞. Cheval galopant à dr. ; devant, vexillum suspendu ; dessous, sanglier à dr. (6635). Billon. TB.

480 Tête d'Ogmios à dr. entourée de cordons. ℞. Cheval galopant à g., dirigé par un aurige tenant un torquès ; devant, un fleuron ; dessous, sanglier à g. (6661). Billon. TB.

481 Tête de Bélénos à dr. ℞. Cheval androcéphale et aurige à dr. ; dessous, sanglier à dr. Statère. Billon. — Quart de statère. Billon. — Ens. 2 p. B.

482 Tête à dr., les cheveux enroulés. ℞. Cheval androcéphale et aurige à dr. ; dessous, lyre penchée (XXII. 6684 et 6703). Billon 2 p. TB.

483 **Andecavi.** Tête d'Ogmios à dr., avec cordons perlés. ℞. Cheval androcéphale à dr. conduit par un aurige ; dessous, un génie à mi-corps retient les jambes des chevaux (XXI. 6723 var.). Statère. Electrum. TB. *Voyez planche IV.*

484 Mêmes types d'un coin différent ; meilleur travail (XXI. 6728). Statère. Or. TB. Rare. *Voyez planche IV.*

485 Autre variété (XXI. 6728). Statère. Or. TB. *Voyez planche IV.*

486 Tête de face. ℞. Sanglier à dr. (XXI. 6455). — Deux S accostant un bâton perlé. ℞. Cheval et point dans un cercle de perles (6467). Oboles. Arg. — Ens. 2 p.

487 **Redones.** Tête laurée à dr. ℞. Cheval androcéphale à dr. ; devant, vexillum suspendu au cordon que tient l'aurige ; dessous, roue à 8 rayons (XXIII. 6783). Billon. TB.

488 Même tête. ℞. Même cheval ; devant, hippocampe suspendu ; dessus, roue à à 8 rayons sur une double volute (XXIII. 6792). Billon. TB.

489 **Aulerci Cenomani.** Tête d'Ogmios à dr., surmontée d'un sanglier et entourée de cordons de perles avec de petites têtes. ℞. Aurige et cheval androcéphale à dr. ; dessous, génie ailé (XXIII. 6826). Statère. Or. TB. *Voyez planche IV.*

490 Tête d'Ogmios à g., sommée d'un hippocampe et entourée de cordons perlés. ℞. Aurige et cheval androcéphale à dr. ; dessous, génie ailé (XXIII. 6837 var.). Statère. Or. B.

491 Tête d'Ogmios à dr., entourée de cordons perlés. ℞. Le précédent (XVIII. 6838). Quart de statère. Or. TB. *Voyez planche V.*

492 Même tête d'Ogmios à dr. ℞. Même type varié. Quart de statère, Or. TB. *Voyez planche V.*

493 Tête laurée à dr. ; mèche isolée devant le front. ℞. Aurige tenant le vexillum et cheval androcéphale à dr. ; dessous, guerrier couché (XXIII. 6852 var.). Statère. Or. TB. *Voyez planche IV.*

494 Mêmes types ; autre coin ; le guerrier tient une lance et un sabre recourbé (XXIII. 6858). Statère. Or. TB. *Voyez planche IV.*

495 Tête d'Ogmios à dr. entourée d'un cordon de perles. ℞. Aurige et cheval androcéphale à dr. ; dessous, aile d'un génie (XXIII. 6868 var.). Quart de statère. Or. TB. *Voyez planche V.*

496 Tête laurée à g. avec mèche isolée. ℞. Aurige tenant le vexillum et cheval androcéphale ailé à g., dessous, guerrier couché à g., tenant la lance et le sabre (XXIII. 6870). Statère. Or. TB.

Voyez planche IV.

497 Tête d'Ogmios à g. entourée de cordons perlés avec quatre têtes. ℞. Aurige tenant le vexillum et cheval androcéphale à dr.; dessous, génie ailé (XXIII. 6879). Statère. Or. Très beau.

Voyez planche IV.

498 Tête d'Ogmios à dr. avec croix sur la joue, entourée de cordons perlés. ℞. Même aurige, cheval androcéphale et génie à dr. (XXIV. 6895). Quart de statère. Or. TB.

Voyez planche V.

499 **Unelli.** Tête laurée d'Apollon à dr. ℞. Bige au galop à dr., l'aurige tenant une épée. Au bas, un méandre (6931). Demi-statère. Or. TB. Rare.

Voyez planche V.

500 Tête laurée à dr. ℞. Cheval à dr. et aurige tenant une épée ; dessous, traces de légende simulée (XXIV. 6932 var.). Quart de statère. Or. TB. Rare.

Voyez planche V.

501 **Baiocasses.** Tête d'Ogmios à dr. surmontée d'un sanglier et entourée de cordons perlés. ℞. Cheval androcéphale à dr. ; l'aurige tient les rênes et un tableau quadrilatéral ; dessous, sanglier à dr. (XXV. 6967). Statère. Arg. TB.

Voyez planche IV.

502 Même tête. ℞. Même type, mais sous le cheval une lyre debout (XXV. 6985). Statère. Arg. TB.

503 *Trouvaille de Jersey.* Tête nue à dr., les cheveux en 3 tresses. ℞. Cheval galopant à g. avec aurige ; dessous, sanglier à dr. (XXVI. J. 23). Statère. Argent. TB.

Voyez planche IV.

504 *Indéterminée.* Tête barbare à dr. ℞. Cheval androcéphale avec traces d'aurige à dr. ; devant, tableau carré; dessous, sanglier à g. Bronze. TB.

505 **Calètes.** *Ateula.* ATEVLA. Buste de la Victoire à g. ℞. VLATOS. Cheval à dr. ; au-dessus S couché ; dessous, pentagone et croissant (XXIX. 7191). Arg. TB.

Voyez planche V.

505 *bis* — Variété. Sous le cheval, une rosace (7186). Arg. TB.

506 **Senones.** Tête casquée à g. ℟. Cheval à g. (XXX. 7405). — Tête nue à dr. ℟. Cheval à g. et 2 globules (7417). Billon. — Tête à dr., les cheveux en 4 mèches. ℟. VLLVCCI. Oiseau éployé à g. (7493. var.). Br. — Ens. 3 p.

507 Tête à dr. ℟. VLLYIII. Oiseau à g. ; au-dessus, pentagone et croix cantonnée de points (XXX. 7550 var.). Br. TB.

508 *Giamilos*... MILOS. Tête à dr. ℟. SII... Oiseau à g. (XXX. 7565 var.) Br. TB.

Voyez planche V.

509 **Meldi.** *Roveca.* Tête à g.; devant, 3 annelets. ℟. ROVECA (peu visible). Cavalier avec l'épée et le bouclier, galopant à dr. (XXXI. 7633). Arg. TB.

Voyez planche V.

510 **Suessiones.** Lég. confuse. Tête à dr. ℟. Cheval galopant à g. ; dessus, point centré ; dessous, 3 points centrés (7773). B. Br.

511 **Parisii.** Tête à dr., les cheveux en grosses mèches; devant la boucle, 2. ℟. Cheval à g., la bride flottante; au-dessus, filet; dessous, rosace (XXXI. 7780). Statère. Or. Cisaillé au revers, mais TB.

Voyez planche IV.

512 Mêmes types; coin différent (XXXI. 7782). Statère. Or. Très beau.

Voyez planche IV.

513 Tête à dr. (coup de cisaille). ℟. Cheval galopant à g.; dessus, rosace et fleuron (7806). Quart de statère. Or. TB.

514 **Bellovaci.** Tête laurée à g. avec abondante chevelure frisée et tige verticale au-dessus de l'oreille. ℟. Bige à g.; dessous, rosace (XXXII. 7892). Quart de statère. Or. TB. Rare.

Voyez planche V.

515 Tête à dr. couverte d'une tige chargée de baies. ℟. Cheval à g. conduit par un aurige penché; dessous, fleuron (XXXII. 7895). Demi-statère. Or. TB. Très rare.

Voyez planche V.

516 Tête laurée à g. ℟. Cheval à dr.; au-dessus, Victoire; dessous, fleuron (XXXII. 7899). Quart de statère. Or. TB.

Voyez planche V.

517 Buste de Diane à g. ℟. Aigle éployé, cantonné de deux points centrés et deux pentagones (XXXII. 7989). Br. TB.

518 **Remi.** Trois bustes accolés à g. REMO. Bige au galop à g. (XXXII. 8040). — Tête janiforme. ℟. Lion à g. (XXXII. 8106 var.) Br. — Ens. 2 p.

519 *Atisios*.. ISIOS. Tête imberbe à g. ℟. Lion à g.; dessous, dauphin (XXXII. 8054). Br. Rare.

520 **Catalauni**. Guerrier à dr. tenant un torquès et un dard. ℟. Ours à dr.; dessus, un serpent (XXXII. 8124). — Tête à g. ℟. Guerrier à dr. avec bouclier et lance (XXXII. 8135). Potin. — Ens. 2 p. B.

521 Personnage accroupi, de face, tenant de chaque main une mèche de cheveux. ℟. Sanglier à dr.; dessus et dessous, une étoile (XXXII. 8145 var.). Potin. B.

522 **Atrebates**. Tête barbue à dr. ℟. Bige à dr.; au-dessus, un large croissant (XXXIV. 8590 var.). Quart de statère. Or. B.

523 *Andobru*. VNDOBRV. Buste jeune casqué à g. ℟. Cavalier trottant à dr. (XXXV. 8673). Br. B. Rare.

524 **Morini**. Uniface. ℟. Cheval disloqué à dr.; dessous, globule et croissant (XXXV. 8710 var.). Statère. Or. TB.

525 Uniface. ℟. Chêne, faucille, annelets (XXXV. 8722). Quart de statère. Or. TB.

526 Uniface. ℟. Aurige armé du stimulus et cheval galopant à g.; devant, traces de légende (manque à M.). Quart de statère. Or. B. Rare.

527 **Incertaines de l'Est**. Tête laurée à dr. ℟. Bige à dr.; dessous, une roue (XXXVI. 8920). Quart de statère. Electrum. TB.

528 Tête laurée à dr. ℟. Bige à g.; dessous, large croissant; devant, un épi (XXXVI. 8925). Quart de statère. Or. B.

529 Tête casquée à g. ℟. KAA. Cheval galopant à g. (XXXII. 8178 et 8184). Arg. — Bucrâne entre 2 S. ℟. Ours dévorant un serpent (XXXIII. 8351). Potin. — Ens. 3 p. B.

530 **Mediomatrici**. Tête janiforme. ℟. Cheval galopant à g.; dessus, fleuron; dessous, rosace (XXXVI. 8937). Quart de statère. Or. TB. Rare.

Voyez planche V.

531 Tête d'Apollon à dr. ℟. Pégase à dr.; à l'exergue, points simulant une légende (8956). Quart de statère. Or. TB.

Voyez planche V.

532 Tête de Vénus à dr. ℟. MEDIOMA. Pégase courant à dr. (XXXVI 8953). Br. 2 p.

533 **Leuci**. Tête laurée à g.; devant, 3 globules. ℟. Cheval à g.; dessus un corbeau; dessous, croisette (XXXVII. 9016). Statère. Or. TB. Très rare.

Voyez planche V.

534 Tête barbue à g. ℞. Sanglier à g. (XXXVII. 9044, 9078, 9147, 9180). Potin, 4 variétés. TB.

535 *Germanus*. Tête d'Octave à dr, ℞. GERMANVS. INDVTILI. Taureau à g. (XXXVII. 9248). Br. B.

536 **Senones émigrés**. Tête dégénérée figurant un rameau. ℞. Cheval à g.; dessus, croissant (XXXVII. 9274). Arg. TB.

537 **Boii**. Triquètre dans une couronne de feuillage. ℞. Six doubles annelets (XXXIX. 9439). Statère. Cuivre aurifère. B.

538 **Helvétii**. Tête informe à dr. entourée d'un ornement en forme de méandre. ℞. Cheval et aurige à dr.; au-dessous, large croissant. Statère concave. Electrum. TB. Rare.

Voyez planche V.

539 **Indéterminées**. Tête laurée d'Apollon à dr. ℞. Cheval et aurige à dr.; dessous, ᔓ. Quart de statère. Or. B.

540 Tête à g.; les cheveux bouclés. ℞. Bige galopant à g.; à l'exergue, traces de légende. Quart de statère. Or. B.

541 Tête d'Apollon à g., de bon style. ℞. Cheval et aurige à g.; à l'exergue, ΠΠΙ. Quart de statère. Or. B.

542 Tête à droite, avec moustache et barbe formée de mèches ondulées. ℞. Cheval galopant à g., dirigé par un aurige très penché en avant; dessous, un astre à 4 rayons. Statère inédit. Or. TB. Très rare. *Voyez planche V.*

543 Tête barbue à dr. ℞. Cheval et aurige à g.; devant, croisette. Statère. Electrum fortement allié de cuivre. B.

544 Buste calamistré à g. ℞. Cheval debout à g. — Buste hérissé à dr.. dans une couronne. ℞. Cavalier à g. Arg. — Ens. 2 p.

545 **Gaulois de Pannonie**. Tête imberbe à dr.. avec un diadème formé de trois rangs de perles. ℞. Buste aux cheveux flottants sur un cheval à g. (LI. 9907). Tétradr. Arg. TB.

546 Tête laurée de Zeus à dr., la barbe formée par des demi-cercles. ℞. Cavalier à dr.; derrière, X (Forrer, fig. 278). Arg. TB.

Voyez planche V.

547 *Imitations macédoniennes*. Tête barbare sans menton à dr. ℞. Cavalier sans bras sur un cheval entravé à dr. (XLIX. 9618). Arg.

548 Tête laurée et barbue de Zeus à dr. ℞. Cavalier à dr. portant une palme (XLVI. 9701). Arg. cisaillé.

549 Tête barbare laurée à dr. ℞. Cavalier à dr. (XLVI. 9722 var.) Arg. B. cisaillé.

550 Tête de Zeus à dr., le menton très proéminent. ℞. Cavalier à dr. — Autre pièce très barbare, concave. Arg. Ens. 2 p.

551 Tête barbare à dr. ℞. Cavalier à g. (XLVII, 9789). Arg. B.
552 Tête de Zeus à dr. ℞. Cavalier à g. portant une palme (XLVIII, 9817). Arg. B. Troué.
553 Tête barbare à dr. ℞. Cavalier barbare à g. (XLVIII, 9826 var.). Arg. TB. Troué.
554 Tête barbare couverte de la peau de lion à dr. ℞. Cheval à g. avec la jambe seule du cavalier (L, 9883). Arg. 2 variétés. B.
555 Variétés des mêmes pièces. Arg. — Ens. 3 p.
556 Autres variétés. Arg. — Ens. 3 p. B.
557 Tête d'Héraclès à dr. ℞. Zeus aétophore assis à g. Tétradr. — Mêmes types; drachme très barbare. Arg. — Ens. 2 p.
558 *Imitations de Thasos*. Tête de Dionysos à dr. ℞. Héraclès de face. Tétradr. Arg. TB.
559 Mêmes types, avec M dans le champ du revers. Tétradr. Arg. TB.
560 *Imitation de Larissa*. Tête de femme de face. ℞. Cavalier barbare à g. (L, 9692 var.). Arg.
561 **Boiens de la Transpadane**. Tête jeune, imberbe, laurée à g.; les cheveux figurés par 2 rangs de palmes. ℞. Cavalier à g. (LI, 9910). Tétradr. Arg. B.
562 Tête jeune, imberbe, laurée à g. ℞. Cheval galopant à g.; sur l'avant-main, 3 globules (LI, 9912). Tétradr. Arg. B.
563 Tête imberbe à dr., le diadème figuré par trois rangs de perles. ℞. Cheval galopant à gauche, avec un cavalier dégénéré (M. manque). Tétradr. Arg. TB.
564 Tête à g. avec diadème à 3 rangs de perles et la chevelure figurée par deux rangs de palmes couchées. ℞. Cheval libre à g. (LI, 9913 varié). Tétradr. Arg. B.
565 Tête à dr. avec diadème à 3 rangs de perles et chevelure figurée par plusieurs rangs de palmes. ℞. Cheval libre à g.; au-dessous, roue à 8 rayons; dessous, TI (LI, 9915). Tétradr. Arg. TB.
566 Tête à g. avec triple diadème perlé; cheveux figurés par 2 rangs de palmes. ℞. Cheval barbare à g. (LI, 9920). Tétradr. Arg. TB.
567 Variété; la tête très dégénérée. Tétradr. Arg.
568 Tête diadémée à dr. avec collier de perles. ℞. Cheval à g.; au-dessus, point centré (LI, 9922). Tétradr. Arg. TB.
Voyez planche V.
569 Guirlande de laurier. ℞. Cheval à g.; sur la croupe, un oiseau (LI, 9926). Drachme. Arg. TB. *Voyez planche V.*
570 Tête laurée à dr. ℞. ATTA. Cavalier armé d'une lance, galopant à dr. (LII, 10017). Didrachme. Arg.

571 **Imitations gauloises de deniers romains.** Tête casquée à g. ℟. Bige (Lutatia et Coelia, LIII, 10069). Tête à dr. ℟. Victoire (Lutatia et Naevia, 10075). Arg. — Ens. 2 p. B.
572 Tête de Junon. ℟. Griffon. (Papia, LIII, 10079). Arg. 2 var. B.
573 Tête de Junon Sospita à dr. ℟. Tête de griffon (droit de Papia, LIII, 10083). — Tête de Junon. ℟. Centurion frappant un soldat (Annia et Didia, 10092). Arg. — Ens. 2 p. B.
574 Tête de Junon Sospita. ℟. RAVIS. Foudre, gouvernail et globe (Papia et Cornelia, LIII, 10103). — Variété avec tête de Diane. — Autre variété. Arg. — Ens. 3 p.
575 Tête de Jupiter à dr. ℟. RAVIS. Le précédent (Antonia et Cornelia, LIII, 10110). 2 p. — Variété plus barbare. Arg. — Ens. 3 p. TB.
576 Tête de Rome. ℟. L'Espagne et Cn. Pompée (Publicia). Arg. B.
577 Tête de la Santé à dr. (Acilia). — Tête d'Apollon à dr. (Crépusia). Arg. — Ens. 2 p. B.
578 Tête de Junon Moneta. ℟. Outils de monnayage (Carisia). — Tête de Flore. ℟. Gouvernail, corne d'abondance et globe (Claudia et Mussidia). Arg. — Ens. 2 p. B.
579 Tête d'Apollon. ℟. Bituit dans un bige (Calpurnia et Publicia). — Tête de Pallas à dr. ℟. Tête de Pallas à g. — Tête laurée à g. ℟. Quatre chevaux à g. Arg. — Ens. 3 p. B.
580 Les Dioscures à dr. (Calpurnia et Naevia). 2 p. — Bige à g. 2 p. Arg. — Ens. 4 p. B.
581 Bige à dr. 3 p. variées. — Quadrige à dr. Arg. — Ens. 4 p. B.
582 Tête d'Auguste à dr. ℟. Type de Caïus et Lucius. — Autre très barbare. — Variété avec la tête à g. Arg. — Ens. 3 p. B.

MONNAIES FRANÇAISES

MONNAIES CAROLINGIENNES [1]

583 **Pépin-le-Bref.** *Antrain.* RP. dans un grènetis. ℟. INT-TRA-NO en 3 lignes dans un grènetis (I. 2). Denier. Arg. TB. Très rare.
Voyez planche V.

(1) Les numéros entre parenthèses se rapportent à l'ouvrage de Gariel.

584 **Charlemagne et Grimwald.** *Bénévent.* GRIMVALD. Buste de face. ℞. DOMS. CAR. RX. Croix accostée de G-R; au bas, VIC (XI. 154). Triens. Or. TB.

585 *Grimwald*, seul. Même type. ℞. VICTORV. PRINCIP. Croix sur un globe et 3 degrés. Sou d'or. Superbe.

586 **Charlemagne.** *Dorestadt.* CARO-LVS en 2 lignes. ℞. Lég. confuse: ՈՈSTAT en 2 lignes; au-dessous, une hache (VI. 46). Denier. Arg. TB. Rare.

Voyez planche V.

587 *Melle.* (XIII. 209). Denier. Arg. TB.

588 **Louis-le-Débonnaire.** *Melle* (XVI. 68). Denier. — Denier au temple. Arg. — Ens. 2 p. TB.

589 **Charles-le-Chauve.** *Auxerre.* + GRATIA. D-I. REX. Monogr. par K. ℞. + AVTISIODIRO CIVITAS. Croix (XXV. 20). Denier. Arg. TB. Rare.

Voyez planche V.

590 *Avallon.* Même droit. ℞. + CVSTIS. AVAIONS. Croix (XXVI. 27 var.) Denier. Arg. B. Rare.

591 *Châlon-sur-Saône.* + ƆHAIOIVS INPEP. Monogr. par K. ℞. + CAVILONIS CIVS. Croix (XXIV. 89 var.). Denier. Arg. TB. Rare.

Voyez planche V.

592 *Blois* (XXVII. 52). Denier. — *Le Mans* (XXX. 29). Denier. Arg. — Ens. 2 p. TB.

593 *Melle* (XXIII. 59). Denier. — (XXIV. 77). Obole. Arg. — Ens. 2 p. TB.

594 *Orléans* (XXXI. 164). Denier. — *Tours* (XXXVI. 267). Denier. Arg. — Ens. 2 p. TB.

595 *Saint-Nazaire-d'Autun.* + GRATIA D-I REX. Monogr. par K. ℞. SCI NASARI MONEA. Croix (XXXIV. 289). Denier. Arg. TB. Très rare.

Voyez planche V.

596 **Pépin II, roi d'Aquitaine.** *Toulouse.* + PIPPNVS REX F. Croix. + TOLOSA CIVI. Monogramme (XXXVII. 6 var.). Denier. Arg. TB. Rare.

Voyez planche V.

597 **Louis II.** *Tours.* + MISERICORDIA D-I REX. Monogr. Ludovicus. ℞. + TVRONES CIVITAS. Croix (XXXVIII. 13). Denier. Arg. TB. Rare.

598 **Carloman II.** *Arles.* + CARLEMANVS PEX. Croix. ℞. + ARPACIVIS. Monogr. par C. (XXXIX. 1 var.). Denier. Arg. TB. Rare.

Voyez planche V.

599 **Charles-le-Gros.** *Arles* (XL. 10). Denier. Arg. TB.

600 **Eudes.** *Blois* (XLVI. 9). Denier. — *Limoges* (XLVII. 26 var.). Denier. Arg. — Ens. 2 p. TB.

601 **Robert I.** *Tours.* + MISERICORDIA DI. Monogr. ℟. + TVRONVS CIVITAS. Croix (XLVIII. 4 var.). Denier. Arg. TB. Rare.

602 **Charles-le-Simple.** *Melle.* Denier et obole. Arg. 2 p. TB.

603 **Lothaire.** *Bourges.* + LOTERIVS REX. Croix. ℟. BITVRICES CIVITAS. Temple (LVII. 9). Denier. Arg. TB.

604 **Lothaire empereur.** *Dorestadt.* + IOTAIIVS IPNIIRAT. Croix cantonnée de 4 points. ℟. + DORESTATVS MON. Temple (LIX. 17). Denier. Arg. TB.

605 *Pavie* + HLOTHARIVS IMP AV. Croix. ℟. PAPIA dans un grènetis (LIX. 24). Denier. Arg. TB. Rare.

Voyez planche V.

606 **Louis II.** *Strasbourg.* Lég. barbare HLVDOVVICVS PIVS. Croix. ℟. Lég. barbare ARGENTINA CIVIT en 2 lignes (XLI. 4 var.) Denier Arg. TB.

607 **Louis II et Angilberge.** + LVDOVVICVS INP. Croix sur 2 degrés. ℟. + ANGILBERGANP. Croix à 8 branches (LXI. 18). Petit denier. Arg. TB. Rare.

608 + LVDOVVICVS IIP. Au centre, monogr. AGVS. ℟. + ANGILBERGA IIP. Au centre, AGV-STA en 2 lignes (LXI. 19). Petit denier. Arg. TB. Rare.

609 **Rodolphe III.** *Lyon* (LXVII. 2). Denier. Arg. TB.

610 **Conrad.** *Lyon* (LXVII. 3). Denier. **Henri-le-Noir.** Denier de Saint Maurice. Arg. — Ens. 2 p. TB.

611 *Lyon.* + HEINRICVS. Au centre, R. ℟. LVCVDVNVS. Croix (LXVII. 1). Denier. Arg. TB. Très rare.

Voyez planche V.

MONNAIES ROYALES (1)

612 **Robert.** *Paris.* ROT. BER. TVS. Dans le champ, REX. ℟. PARISIVS CIVITAS. Croix (1). Denier. Arg. B. Très rare.

613 **Philippe I.** *Mâcon.* + PILIPVS RX. Croix évidée en losange au centre, cantonnée de globules. ℟. + MATISCON. Dans le champ, S (31). Denier. Billon. TB.

---

(1) Les numéros entre parenthèses se rapportent à l'ouvrage de Hoffmann. *Monnaies royales de France.*

412 431 432 426
442 447 454 471
456 491 492 495
508 500 505 498
514 530 531 509
499 516 542
515 533 538
546 569 568
583 586 611
591 595 589
596 598 605

BIBLIOTH. NATIONALE MÉD.

Etienne BOURGEY, Expert, 7, rue Drouot, Paris. Phototypie Berthaud.

614 **Louis VI.** *Dreux* (16). *Montreuil* (21 var.). Deniers. Billon. — Ens. 2 p. B. et TB.

615 *Mantes.* LVDOVICVS. REX. Croix. ℟. CASTRVO MNEVN. Deux annelets en pal et deux croisettes en fasce (manque à H.). Denier. Billon TB. Rare.

616 **Louis IX.** *Gros tournois.* + LVDOVICVS REX. + BNDICTV. etc. Croix. ℟. TVRONVS. CIVIS. Châtel tournois. Bordure de 12 lis (10). Arg. TB.

617 **Philippe IV** *Gros tournois* (5 et 8). *Maille tierce* (7). Arg. — Ens. 3 p. B. et TB.

618 **Louis X.** *Gros tournois.* Type de S. Louis (3). Arg. TB.

619 **Charles IV.** *Royal.* KOL. REX. FRACOR. Le roi debout sous un dais. ℟. XPC. VINCIT. XPC.REGNAT. XPC. IMPERAT. Croix dans une rosace cantonnée de couronnelles (2). Or. TB.

620 **Philippe VI.** *Royal.* PHS. REX. FRACOR. Le roi debout sous un dais. ℟. + XPC. etc. Croix dans une rosace cantonnée de couronnelles (1). Or. TB.

621 *Ecu d'or.* + PHILIPPVS. etc. Le roi assis, tenant l'écu, dans une épicycloïde. ℟. + XPC. Croix dans une rosace (3). Or. TB.

622 *Gros parisis.* + PHILIPPVS.REX FRANCO. A l'extérieur : + BNDICTV : etc. Croix cantonnée de 2 lis. ℟. + PARISIVS. CIVIS. ARGENTI. Dans le champ, FRACO. PHI sous une couronne (19). Arg. TB.

623 *Maille blanche* (21). *Gros à la Couronne* (25). Arg. *Double parisis* (42). Billon. — Ens. 3 p. B.

624 **Jean le Bon.** *Ecu d'or.* + IOHANNES. etc. Le roi assis, tenant l'écu. ℟. + XPC. etc. Croix dans une rosace (1). Or. B.

625 *Franc-à-cheval.* IOHANNES. etc. Le roi galopant à g. ℟. + XPC. etc. Croix dans une rosace (10). Or. B.

626 *Gros tournois à la couronne.* + IOHANNES. REX. Croix. ℟. Couronne au-dessus du châtel (16). Arg. TB.

627 *Gros blanc à la couronne.* + IOHANNES DEI : GRA. Croix à long pied. ℟. FRANCO-RV : REX. Sous une couronne (28). Billon. TB.

628 *Gros blanc à la fleur de lis.* + IOHANNES : etc. Fleur de lis épanouie dons une rosace. ℟. + BNDICTV : etc. Croix cantonnée de 4 lis (31). Billon. TB.

629 *Gros blanc* (33). *Gros blanc à la fleur de lis* (39). *Gros patte d'oie* (49). Billon. — Ens. 3 p. B.

630 **Charles V.** *Franc-à-pied.* KAROLVS. etc. Le roi debout sous un dais. ℟. + XPC. Croix dans une rosace (2). Or. Très beau.

631 *Franc-à-cheval.* KAROLVS. etc. Le roi galopant à g. ℞. + XPC. etc. Croix dans une rosace (4). Or. TB.

632 *Gros tournois* (6). Arg. *Blanc aux fleurs de lis* (7). *Denier parisis* (8). Billon. — Ens. 3 p. B.

633 **Charles VI.** *Ecu d'or.* + KAROLVS. etc. Ecu couronné. ℞. + XPC. etc. Croix dans une rosace (1). Or. TB.

634 *Agnel.* AGN. etc. Agneau pascal; dessous, K. F. RX. ℞. + XPC. etc. Croix cantonnée de lis dans une rosace (3). Or. TB.

635 *Gros.* + KL : DI : G : FRACORV : REX. Croix. ℞. GROSSVS TVRONVS. 3 lis sous une couronne et bordure de lis (11). Billon. TB.

636 *Gros dit Florette.* Bourges (17). *Double tournois* (31). Billon. *Patacchina.* Gênes (53). Arg. — Ens. 3 p. TB.

637 **Henri V.** *Florette.* + HENRICVS. etc. 3 lis sous une couronne. ℞. SIT. etc. Croix cantonnée d'une couronne et d'un léopard (6). Billon. TB.

638 **Henri VI.** *Gros de Calais.* + HENRIC. etc. Tête couronnée de face. ℞. VILLA : CALISIE : Croix cantonnée de 12 besants. Arg. TB.

639 **Charles VII.** *Ecu à la couronne.* KAROLVS. etc. Ecu accosté de 2 lis couronnés. ℞. + XPC. etc. Croix dans une rosace (6). Or. TB.

640 *Royal.* + KAROLVS, etc. Le roi debout, sur champ semé de lis. ℞. + XPC. etc. Croix dans une rosace (9 var.). Or. B.

641 *Grand blanc dentillé.* Ecu dans une rosace. ℞. Croix dans une rosace (15). Billon. TB. Rare.

642 *Grand blanc au K* (18). *Petit blanc au K.* (19). Billon. — Ens. 2 p. B.

643 *Grand blanc aux 3 fleurs de lis.* Trois lis sous une couronne. ℞. Croix cantonnée de 2 couronnelles et 2 lis (39). Billon. TB.

644 *Petit blanc de 5 deniers* (44). *Double tournois* (53). Billon. — Ens. 2 p. B. et TB.

645 **Louis XI.** *Ecu au soleil.* LVDOVICVS. etc. Ecu. ℞. XPS. etc. Croix fleurdelisée. Toulouse (1). Or. Très beau.

646 *Gros de Roi* (12). Arg. *Petit blanc à la couronne* (17). Billon. — Ens. 2 p. B.

647 **Charles VIII.** *Ecu au soleil.* KAROLVS. etc. Ecu. ℞. XPS. etc. Croix fleurdelisée. Bourges (2). Or.

648 *Ecu du Dauphiné* (dauphin) KAROLVS : DEI : GRA : FRANCORVM : REX : (cœur). Champ écartelé de France et Dauphiné; au-dessus, soleil. ℞. (Couronne) XPS. etc. Croix fleurdelisée. Crémieu (manque à H.). Or. TB., mais fendu. Rare.

649 **Louis XII.** *Ecu au soleil.* LVDOVICVS. etc. Ecu. ℟. XPS. etc. Croix fleurdelisée. Bordeaux (1). Or. B.

650 *Ecu de Provence.* LVDOVICVS : XII : D : G : F : REX : PVIE : COMES : A. Ecu. ℟. XPS. etc. Croix fleurdelisée (3). Or. TB.

651 *Ecu aux porcs-épics.* + LVDOVICVS. etc. Ecu tenu par 2 porcs-épics. ℟. + XPS. etc. Croix cantonnée de 2 L et de 2 porcs-épics. Bordeaux (6 var. Or. TB.

652 *Ecu de Bretagne au porc-épic.* LVDOVICVS. etc. BRITONV. DVX. Ecu sur un porc-épic, accosté de 2 hermines couronnées. ℟. DEVS. etc. Croix cantonnée de 4 hermines couronnées. Nantes (9). Or. TB.

653 *Ecu du Dauphiné.* LVDOVICVS. etc. Champ écartelé. ℟. XPS. etc. Croix fleurdelisée. (Manque à H.). Or. B. Fendillé.

654 *Douzain au porc-épic* (33). *Dizain à L couronné* (39). *Double tournois* (41). Billon. — Ens. 3 p. B.

655 **François I.** *Ecu au soleil.* + FRANCISCVS. etc. Ecu. ℟. + XPS. etc. Croix fleurdelisée, cantonnée de 2 F et 2 lis. Lyon (4). Or. TB.

656 *Écu à la croisette.* FRANCISCVS. etc. Écu. ℟. + D. XPS. etc. Croix dans une rosace. Lyon (12). Or. TB., mais rogné.

657 *Écu du Dauphiné.* FRANCISCVS. etc. Champ écartelé. ℟. XPS. etc. Croix fleurdelisée. Crémieu (19). Or. B.

658 *Écu de Bretagne.* FRANCISCVS. etc. BRITANIE : DVX : Écu accosté de F et d'une hermine couronnés. + DEVS. etc. Croix fleurdelisée cantonnée de 2 hermines et 2 F couronnés. Nantes (25). Or. TB.

659 *Teston.* Lyon (42). *Demi-teston.* Lyon (43). Arg. — Ens. 2 p.

660 *Teston au chaperon.* Paris (59). *Teston à la tête radiée.* Toulouse (83). Arg. — Ens. 2 p. B.

661 *Douzain à la Salamandre.* + FRANCISCVS. etc. Ecu entre 2 salamandres. ℟. + SIT. etc. Croix cantonnée de 2 F et 2 salamandres. Paris (106). Billon. TB. Rare.

662 **Henri II.** *Teston* 1555. Bayonne (32). *Demi-teston* 1555. Bayonne (34). Arg. — Ens. 2 p. B.

663 *Teston au moulin.* HENRICVS. II. etc. Buste lauré à dr. ℟. + CHRS. etc., 1558. Ecu couronné. Paris (57). Arg. Très beau.

664 *Teston.* 1556. Bayonne (59). — 1554. Angers (62). Arg. — Ens. 2 p. B. et TB.

665 *Douzain aux Croissants.* Ecu entre 2 croissants. ℟. Croix de 8 croissants cantonnée de 2 couronnes et 2 H. 1557. Poitiers (77). Billon. TB.

666 **Charles IX**. CAROLVS. VIII. etc. MDLXVI. Ecu. ℟. + CHRISTVS. etc. Croix fleurdelisée. La Rochelle (1 var.). Or. TB.

667 — Autre : CAROLVS. IX. etc. MDLXVII. Lyon (1). Or. TB.

668 *Testons*. 1568. Toulouse (10). — 1562. Lyon (12 var.). Arg. — Ens. 2 p. B. et TB.

669 **Henri III**. *Franc*. 1578. Lyon (20). *Demi-franc*. 1587. Nantes (23). Arg. — Ens. 2 p. B.

670 *Quart d'écu*. 1588. Nantes (29). *Huitième d'écu*. 1578. Rennes (31). Arg. — Ens. 2 p. TB.

671 *Gros de Nesle, Dauphiné*. Grand H entre 2 lis et un dauphin. ℟. Croix fleurdelisée, cantonnée de 2 lis et 2 dauphins. 1583. Grenoble (39). Billon. TB.

672 *Liard au Saint-Esprit*. Grand H entre 3 lis. 1585. ℟. Croix du Saint-Esprit. Lyon (48). Billon. TB.

673 **Henri IV**. *Quart d'écu*. Ecu. ℟. Croix feuillue. 1603. Villeneuve (19). Arg. TB.

674 — Variété. 1601. Caen. *Quart d'écu de Navarre*. 1606. (29). Arg. — Ens. 2 p. TB.

675 *Quart d'écu, Dauphiné*. Ecu écartelé. 1602. Grenoble (26). Arg. TB.

676 *Demi-franc*. 1594. Lyon. — 1601. Angers. — 1604. Toulouse (38). Arg. — Ens. 3 p. B.

677 *Douzain*. Ecu entre 2 H. ℟. Croix cantonnée de 2 H et 2 lis. 1593. Limoges (59). Billon. TB. Rare.

678 *Essai du double tournois*. HENRI IIII. etc. Buste lauré. ℟. + DOVBLE TOVRNOIS. 1610. 3 lis. Paris (77). Arg. B. Rare.

679 **Louis XIII** *Ecu d'or*. LVDOVICVS. XIII. etc., 1616. Ecu. ℟. + CHRISTVS. etc. Croix fleurdelisée. Paris (6). Or. B.

680 *Double louis*. LVD. XIII. etc. Tête laurée à dr. 1640. ℟. CHRS. etc. Croix de 8 L couronnés, cantonnée de 4 lis. Paris (20). Or. Très belle pièce, légère égratignure sur le cou.

681 *Louis*. Mêmes types. 1641. Paris (22). Or. FDC.

682 *Demi-louis*. Mêmes types. 1642. Paris (24). Or. Très beau.

683 *Quart-d'écu*. 1613. Saint-Lô (30). *Demi-franc*. 1615. Saint-Lô et Rouen (60). Arg. — Ens. 3 p. B.

684 *Louis de 60 sols*. LVDOVICVS. etc. Buste lauré et cuirassé à dr. ℟. SIT. etc. 1642. Ecu. Paris (91). Arg. TB.

685 *Louis de 30 sols*. Buste lauré et drapé. 1642. Paris (88). Arg. TB.

686 — Autre. Buste lauré et cuirassé. 1643. Paris (94). Arg. TB.

687 *Louis de 15 sols*. 1642. Paris (97). *5 sols*. 1643. Paris (100). Arg. — Ens. 2 p. TB.

688 *Piéfort du douzain*. + LVDOVICVS. etc. 1618. Ecu entre 2 L. ℟. SIT. etc., etc. Croix cantonnée de 2 couronnelles et 2 L. (108). Billon. Très beau. Rare.

689 **Louis XIV**. *Demi-louis*. LVD. XIIII. etc. Tête laurée à dr. ℟. SIT. etc. 1690. Ecu couronné. Aix (30). Or. B.

690 *Louis*. LVD. XIIII. etc. Tête laurée. 1694. ℟. CHRS. etc. 4 lis couronnés en croix, cantonnés de 4 L. La Rochelle (33). Or. TB.

691 *Double louis*. LVD. XIIII. etc. Tête laurée. 1701. ℟. CHRS. etc. Croix de 8 L couronnés sur le sceptre et la main de justice en sautoir. Pau (35). Or. B.

692 *Louis*. LVD. XIIII. etc. Tête laurée. 1710. ℟. CHRS. Croix de 8 L couronnés, cantonnée de lis ; au centre, un soleil. Besançon (42). Or. Très beau.

693 *Demi-écu blanc*. LVD. etc. Buste à la mèche courte, lauré et cuirassé. ℟ SIT. etc. 1644. Ecu. Paris (55). Arg. TB.

694 *Demi-écu*. 1644. Paris (59). *Quart d'écu*. Paris. 1644 (61). *Douzième d'écu*. Paris. 1644 (63). Arg. — Ens. 3 p. TB. et FDC.

695 *Ecu blanc*. Même buste, mèche longue. 1652. Paris (74). *Demi-écu*. 1652. Montpellier (76). Arg. — Ens. 2 p. TB.

696 *Ecu blanc de Navarre*. 1652 (79). *Demi-écu de Navarre-Béarn*. 1656 (84). Arg. — Ens. 2 p. Rares.

697 *Ecu de Navarre-Béarn*. Ecu parti au 1 de France, au 2 coupé de Navarre-Béarn. 1656 (83). Arg. B. Rare.

698 *Ecu au buste juvénile*. 1671. Rennes (102). *Demi-écu*. 1662. Rouen. (103). Arg. — Ens. 2 p. B. et TB.

699 *Ecu de Navarre-Béarn*. Buste juvénile. ℟. Ecu parti. 1663 (109). Arg. B. Rare.

700 *Demi-écu de Navarre-Béarn*. Mêmes types. 1675 (110). Arg. B. Rare.

701 *Ecu du Parlement*. 1679. Rennes (113). *Demi-écu du Parlement*. 1682. Paris (114). Arg. — Ens. 2 p. TB.

702 *Ecu de Flandre, dit Carambole*. Buste drapé. ℟. SIT. etc. 1685. Ecu écartelé de France et de Bourgogne. Paris (128). Arg. B. Rare.

703 *Demi-écu carambole*. Mêmes types. 1686. Paris (129). Arg. B.

704 *Ecu aux huit L*. LVD. etc. Buste à dr. 1690. ℟. CHRS. etc. Quatre doubles L en croix. Paris (133). Arg. TB.

705 *Demi-écu aux huit L*. Mêmes types. 1690. Paris (134). Arg. TB.

706 *Demi-écu carambole aux palmes.* 1695. Lille (150). *Huitième d'écu carambole aux palmes.* 1694. Lille (151). Arg. — Ens. 2 p. B. Rare.

707 *Ecu aux insignes.* Paris (153). *Demi-écu aux insignes.* 1701. Paris (154). Arg. — Ens. 2 p. B.

708 *Dix sols tournois.* 1704. Strasbourg (169). *Vingt sols.* 1708. Lyon (171). *10 sols.* 1706. Paris (172). *5 sols.* 1704. Strasbourg (173). Arg. — Ens. 4 p. B. et TB.

709 *Ecu aux huit L.* 170. Rennes (174). *Demi-écu aux huit L.* 1704. Dijon (175). Arg. — Ens. 2 p. TB. Traces de surfrappe.

710 *Ecu aux trois Couronnes.* Buste cuirassé. ℞. SIT. etc. 1709. Trois couronnes en triangle. Paris (187). Arg. Très beau.

711 **Louis XV.** *Louis aux 2 L.* LUD. XV. etc. Tête laurée. 1721. ℞. CHRISTUS. etc. Deux L adossés, couronnés, entre 3 lis. Strasbourg (12). Or. TB.

712 *Louis mirliton.* LUD. XV. etc. 1723. Tête laurée. ℞. CHRS. etc. Deux L cursifs couronnés et cernés de palmes. Paris (14). Or. TB.

713 *Louis aux lunettes.* LUD. XV. etc. Buste à g. ℞. CHRS. etc. 1730. Deux écus ovales couronnés. Paris (16). Or. Très beau.

714 *Demi-louis.* Mêmes types. 1726. Lille (17). Or. TB.

715 *Double louis au bandeau.* LUD. XV. etc. Tête à g. ceinte d'un bandeau. ℞. CHRS. etc. 1765. Les 2 écus. Toulouse (18). Or. TB.

716 *Ecu vertugadin.* LVD. XV. etc. Buste enfantin drapé. ℞. SIT. etc. 1716. Ecu rond couronné. Bordeaux (27). Arg. TB.

717 *Demi-écu vertugadin.* Mêmes types. 1716. Clermont (28). Arg. Très beau.

718 *Ecu de Navarre.* LUD. XV. etc. Buste lauré. ℞. SIT. etc. 1718. Ecu écartelé. Lille (34). Arg. FDC.

719 *Petit louis d'argent.* 1720. Paris (33). *20 sols de Navarre.* 1719. Orléans (38). *Tiers d'écu.* 1722. Metz (42). *Douzième d'écu.* 1721. Orléans (44). Arg. — Ens. 4 p. TB.

720 *Ecu de France.* LUD. XV. etc. Buste lauré. ℞. SIT. etc. 1723. Ecu. Paris (40). Arg. Très beau.

721 *Demi-écu de France.* Mêmes types. 1721. Tours (41). Arg. B. Traces de surfrappe. Rare.

722 *Ecu aux huit L.* 1725. Lille (45). *Demi-écu aux huit L.* 1725. Amiens (46). Arg. — Ens. 2 p. TB.

723 *Ecu au bandeau.* 1741. Rennes (56). *Demi-écu au bandeau.* 1748. Lille (58). Arg. — Ens. 2 p. TB.

724. **Louis XVI.** *Double-louis.* LUD. XVI. etc. Buste habillé à g. ℞. CHRS. etc. 1775. Les deux écus. Limoges (2). Or. TB.

725 *Ecu de 6 livres.* 1784. Pau (11). *Ecu de 3 livres.* 1792. Paris (13). Arg. — Ens. 2 p. TB.

726 *Ecu constitutionnel.* 1792. Paris (60). *Demi-écu.* 1792. Paris (62). Arg. — Ens. 2 p. TB.

DE LA RÉVOLUTION A NOS JOURS

727 **Révolution** (1). Monneron au Serment. DUPRÉ. F. sur la base de l'autel. 1791 (217). Br. Troué. TB.

728 La même pièce, tranche lisse (218). Br. TB.

729 Autre variété signée D. F., tranche inscrite (219), Br.

730 Autre variété non signée (220). Br. TB.

731 Quatrième variété. Dans le champ DUPRÉ F. (221). Tranche lisse. Br. TB.

732 Buste de J.-J. Rousseau à g. (306). Br. TB.

733 Buste de La Fayette à g. (302). Br. TB.

734 Même pièce variée (303). Br. TB.

735 Essais au buste de Louis XVI. ℞. Génie. Etain. — Ens. 3 p. TB.

736 Les Artistes réunis de Lyon. 1792 (387). Métal de cloche. Très beau.

737 Pure matière de cloche, frappée à Lyon par Mercié, Mathieu et Mouterde. Lion à g. (400). Métal de cloche. TB. Rare.

738 Monnerons à la Fédération (431 et 432). — A la Liberté (436). — A l'Hercule (435 et 439). Br. — Ens. 5 p. TB.

739 Lefèvre, Lesage et Cie, 1792. 20 sols (441). Troué. — 10 sols (442). — 5 sols (444 et 445). Arg. — Ens. 4 p. TB.

740 Potter, Rue de Crussol. 1792. 7 sols (448). Arg. TB.

741 — 5 Sols (449). Arg. TB.

742 — Variété avec A LA MANUFACTURE. etc. en lég. circulaire (manque à H.). Arg. TB. Rare.

743 **République.** REGNE DE LA LOI. Génie à dr. 1793. ℞. REPUBLIQUE FRANÇOISE. Couronne civique; au centre, 24 LIVRES A; au bas, L'AN II. Paris. Or. TB.

(1) Les numéros entre parenthèses se rapportent à l'ouvrage de Hennin : *Histoire numismatique de la Révolution française.*

744 Mêmes types, (avec SIX LIVRES A.) dans la couronne. Paris. Arg. TB.
745 Sols, décimes, monnerons, etc. Br. — Ens. 11 p. TB.
746 5 Francs à l'Hercule. An 8. Perpignan. Arg. TB.
747 *Siège de Mayence*. 1793. 5 sols (504). — 2 sols (505). — Sol (507). *Siège de Luxembourg*. 1795. Un sol (659). Cuivre. — Ens. 4 p. TB.
748 **Guerres contre la France.** *Mayence débloquée, par Clairfait.* Vue de la ville. 1795. ℞. Pyramide (683). Arg. TB. Rare.
749 *Bamberg*. François-Louis. Buste à dr. 1795 (704). Thaler de contribution. Arg. TB.
750 — Autre. Armoiries. 1795 (706). Thaler de contribution. Arg. TB.
751 *Fulda*. Adalbert. Armoiries. 1795 (710). Thaler de contribution. Arg. TB.
752 — Buste à dr. ℞. Armoiries. 1796 (797). Thaler de contribution. Arg. Très beau.
753 *Francfort*. Vue de la ville. 1796 (775). Ducat de contribution. Or. Très beau.
754 — Aigle. 1796 (776). Thaler de contribution. Arg. TB.
755 **Républiques étrangères.** *Cisalpine*. Les deux Républiques en regard. An VIII. Scudo de 6 lire. Arg. Très beau.
756 *Piémontaise*. Femme casquée debout. An VII. Mezzo scudo. Arg. B.
757 *Génoise*. Saint Jean-Baptiste. 1795. 8 Lire. Arg. TB.
758 — 1795. 4 Lire. Arg. TB.
759 — 1792. 2 Lire. Arg. TB.
760 *Ligurienne*. Deux femmes debout. ℞. Armoiries. An VII. 8 Lire. Arg. B.
761 *Batave*. CONCORDIA RES PAR : CRES : TRA. Homme armé à dr. 1803. ℞. MO : ORD : PROVIN : FOEDER : BELG : AD. LEG. IMP. Dans un cartouche. Double ducat d'Utrecht. Or. FDC.
762 *Indes bataves*. INDIAE. BATAVORUM. 1802. Vaisseau. ℞. MO : ARG : ORD : FŒD : BELG : HOL : Ecu de Hollande couronné, accosté de 1 — G. Essai du Florin d'argent. Or. FDC. Rare.
763 **Consulat et Empire.** *Bonaparte*. Premier Consul. An XI. Paris. 5 Francs. Arg. FDC.
764 Tête à dr. signée TIOLIER F. ℞. En 6 lignes : LE 1ER CONSUL VISITE L'HOTEL DES MONNAIES LE 21 VENTOSE AN XI. Module de 5 francs. Arg. Très beau.

765 Monnaies divisionnaires. Demi-franc. An 12. Paris. — Quart. id. *Napoléon*. 2 Francs et franc. An 13. Paris. Arg. — Ens. 4 p. TB.
766 Tête nue à dr. An 13. Paris. 5 Francs. Arg. Très belle.
767 Aigle. 1806. Essai de 10 Cent. Cuivre, centre argent. TB.
768 Tête nue à dr. 1807. Bayonne. 5 Francs. Arg. TB.
769 Tête laurée à dr. 1807. Paris. Arg. TB.
770 Essai de Gengembre. Tête laurée. ℞. Lampe antique (TN. II. 11). Arg. TB.
771 1813. Rouen. 5 Francs. Arg. TB.
772 1813. Utrecht. 5 Francs. Arg. B. Rare.
773 Tête laurée, autre style. 1815. Paris. 2 Francs. Arg. TB. Rare.
774 NAPOLEON. EMPEREUR. Tête laurée à dr., signée J. P. DROZ. F. ℞. Dans un couronne de laurier : 5 FRANCS 1815 ; la date entre un aigle et A. Tranche lisse. Essai. Arg. FDC. Rare.
775 *Napoléon, roi d'Italie*. 1814. Milan. 5 Lire. Arg. Essai. FDC. Rare.
776 1811. Milan. 2 Lire. — 1813. Lira. — 1814. 10 Soldi. — Arg. — Ens. 4 p. TB.
777 1813. 10 Cent. Bill. — 1808. Soldo. — 1809. 3 Cent. — 1810. Cent. Cuivre. — Strasbourg. 10 cent. Cuivre. — Ens. 5 p. TB.
778 **Pièces de nécessité**. *Guadeloupe*. (occupation anglaise, 1811). Peso de Charles III d'Espagne, 1798, percé au centre d'un carré dentelé. Gourde. Arg. TB. Rare.
779 Morceau carré de peso, contremarqué d'un G rayonnant. 20 Sous. Arg. TB.
780 *Gérone*. Ferdinand VII. 1008. Douro. Arg. TB.
781 *Majorque*. Ferdinand VII. 1808. Ecu de 30 Sous, octogone. Arg. TB.
782 *Barcelone*. Occupation française. 1809. 5 pesetas. Arg. TB.
783 *Tarragone*. Ferdinand VII. 1809. 5 pesetas. Arg. TB.
784 *Palma*. Napoléon. Monnaie de siège. 1814. 50 Cent. Billon. TB.
785 *Anvers*. N. 1814. 10 et 5 cent. *Autriche*. François I. 1807. 30 Kreuzer. — 1800. Kreuzer. Cuivre. — Ens. 4 p. TB.
786 Tête laurée de François I à dr. ℞. Aigle impériale. 1807. Ducat. Or. TB.
787 **Famille de Napoléon et Feudataires**. *Charles IV et Marie-Louise*. Bustes accolés à dr. ℞. Armes d'Etrurie. 1807. Florence. Grand écu. Arg. TB.

788 Bustes affrontés. ℟. Mêmes armes. 1807. Pise. Tallero. Arg. TB.
789 *Joseph, roi de Naples*. Tête à g. ℟. Armes. 1808. 120 Grana. Arg. TB.
790 *Joseph, roi d'Espagne*. Tête à g. 1810. ℟. Armes. 20 Réaux. Arg. TB.
791 *Louis, roi de Hollande*. LODEW. NAP. KON. VAN. HOLL. Tête à g. ℟. KONINGRIJK. HOLLAND. 1809. Ecu de Hollande. Ducat. Or. TB.
792 Même droit. ℟. EENDRAGT MAAKT MAGT. 1809. Chevalier armé, debout à dr. Ducat. Or. Très beau.
793 NAP. LODEW. I. KON. VAN. HOLL. Tête nue à dr., signée GEORGE F. ℟. KONINGRIJK HOLLAND. Ecu couronné, accosté de 50—S^{s}; au bas, 1807 et abeille. Essai de la pièce de 50 Stuyvers. Arg. FDC. Rare.
794 Même pièce sans la signature, datée 1808. 50 Stuyvers. Arg. TB.
795 *Jérôme, roi de Westphalie*. Tête laurée à dr. 1811. Thaler. Arg. TB.
796 Thaler des mines. 1811. Arg. TB.
797 Deux-tiers de thaler. 1813. Arg. — 6me de thaler. 1809. — 12me de thaler. 1810. Bill. — 2 Frank. 1808. Arg. — 20 cent. 1812. Bill. — Ens. 5 p.
798 *Elisa et Félix, princes de Lucques*. Bustes accolés à dr. 1805. 5 Franchi. Arg. FDC.
799 *Joachim Murat, roi de Naples*. GIOACCHINO NAPOL. RE DELLE DUE SICILIE. Tête à g. ℟. PRINCIPE etc. Couronne d'olivier et d'épis renfermant : DODICI CARLINI 1809. 12 Carlins. Arg. TB.
800 Variété datée 1810, avec NAPOLEONE et la couronne du ℟. différente. 12 Carlins. Arg. TB.
801 Tête à dr. 1813. ℟. Armes. 5 Lire Arg. TB.
802 *Marie-Louise, duchesse de Parme*. 5 Lire. 1832 Arg. TB.
803 2 Lire, lira et 10 Soldi. 1815. Arg. — 5 cent. 1830. Cuivre. — Ens. 4 p. TB.
804 *Berthier, prince de Neuchâtel*. ALEXANDRE PRINCE DE NEUCHATEL. Tête à dr. ℟. PRINCIPAUTÉ DE NEUCHATEL. Dans une couronne de laurier sommée d'une couronne : 2 FRANCS. Au bas, 1814. Sur la tranche : TITRE NEUF DIXIÈMES. POIDS DIX GRAMMES. Essai cuivre. Très beau. Rare.
805 *Charles Dalberg, prince-primat*. Buste à dr. ℟. Armes 1809. Thaler de Ratisbonne. Arg. TB.
806 Même buste à dr. ℟. Inscription dans une couronne. 1809. Demi-thaler de Ratisbonne. Arg. TB.

807 **Louis XVIII**. Tête à g. 1821. Paris. 5 Francs. Arg. FDC.
808 2 Francs et Franc. 1823. Arg. — 10 Cent. de Cayenne. 1818. Bill. — Décime de Strasbourg. 1814. Cuivre. — Ens. 4 p. TB.
809 **Charles X**. Tête à g. 1826. La Rochelle. 5 Francs. Arg. Très beau.
810 Deux francs, franc et demi-franc. 1828. — Quart. 1827. Arg. — Ens. 4 p. TB. et FDC.
811 Visite du prince de Salerne et de la duchesse de Berry à la Monnaie de Paris 1825. Module de 5 Francs. Arg. Très beau.
812 — Même pièce. Br. — Visite des souverains des Deux-Siciles. 1830. Br. — Ens. 2 p. TB.
813 **Henri V**. HENRI V ROI DE FRANCE. Buste à g. avec épaulettes. ℟. Ecu cerné de palmes. 1831. Tranche inscrite. 5 Francs. Arg. FDC.
814 Franc. 1831. — Demi-franc et quart. 1833. Arg. — Ens. 3 p. TB. et FDC.
815 **Louis-Philippe**. Tête nue à g. Essai du droit de la pièce de 100 francs. Cuivre doré. FDC.
816 Tête nue à droite. 1830. Paris. 5 Francs. Arg. Très beau.
817 Essai de 5 francs par Galle. 1831. Deux clichés : droit et revers. Cuivre argenté. FDC.
818 Tête couronnée à dr. 1848. Paris. 5 Francs. Arg. Très beau.
819 Deux francs, 1832. — Franc. 1847. — 50 cent. 1846. — Quart. 1844. — 25 cent. 1847. Arg. — Ens. 5 p. TB. et FDC.
820 Essai du décime. 1847. Cuivre, le centre en argent. FDC.
821 **République**. Type d'Hercule. 1848. Paris. 5 Francs. Arg. FDC.
822 — Autre de 1849. Paris. Arg.
823 Type de Cérès. 1850. Paris. 5 Francs. Arg. FDC.
824 Concours monétaire de 1848. Piéfort du 10 centimes par Allard. Cuivre. FDC.
825 **Louis-Napoléon Bonaparte**. Tête nue à g. 1852. Paris. 5 Francs. Arg. Flan bruni. FDC. Superbe.
826 **Napoléon III**. Tête laurée à g. 1870. Paris. 5 Francs. Arg. FDC.
827 **République**. Tête de Cérès. 1870. Paris. 5 Francs. Arg. FDC.
828 *Commune de Paris*. Type d'Hercule ; différent, un trident. 1871. 5 Francs. Arg. TB.
829 *Indo-Chine*. Piastre de commerce. 1896. — 50 cent. 1895. — 20 cent. 1896. — 10 cent. 1879. Arg. — Ens. 4 p. TB. et FDC.
830 *Cambodge*. Tête de Norodom I à g. ℟. Armes. 1860. 4 Francs et divisions. Arg. 5 p. — 10 centimes et divisions. Cuivre 4 p. — Ens. 9 p. FDC.

MÉDAILLES ET JETONS [1]

831 **Henri II.** HENRICVS. II. GALLIARVM. REX. INVICTISS. P. P. Buste lauré et armé à dr. ℟. OB RES IN ITAL. GERM. ET GAL. FORTITER AC. FOELIC. GESTAS — EX VOTO PVB. 1552. La Victoire, l'Abondance et la Renommée dans un quadrige (XII. I). Br. 54 %. TB.

832 **Henri IV et Marie de Médicis.** HENR. IIII. R. CHRIST. MARIA. AVGVSTA. Bustes accolés à dr.; au bas, G. DVPRÉ F. ℟. PROPAGO. IMPERI. 1603 Henri IV et Marie se donnanr la main au-dessus du Dauphin; au-dessus, un aigle (III. 4). Br. 63 %. Très belle médaille.

833 **Louis XIII et Anne d'Autriche.** LVDOVIC. XIII. D. G. FRANCOR. ET. NAVARÆ. REX. Buste fraisé et armé à dr., signé : G. DVPRÉ. ℟. ANNA. AVGVS. GALLIÆ. ET. NAVARÆ. REGINA. Buste à dr., signé : G. DVPRÉ. F. 1630 (VI. 4). Br. 60 % et bélière. Très belle.

834 *Le maréchal de Toiras.* LE MARESCHAL DE TOIRAS. Buste à dr., signé : GVIL. DVPRÉ. 1634. ℟. ADVERSA CORONANT. Soleil entouré de nuages au-dessus d'une campagne (XIV. 3). Br. 55 %. TB.

835 *Mort de Louis XIII.* LVDOVICVS. XIII. FR. ET. NAV. REX. Buste à dr. ℟. Statue du roi couronné par la Justice, sur un tombeau. Br. 69 %. TB.

836 **Louis XIV.** LUD. XIIII. D. G. FR. ET. NAV. REX. Buste drapé et cuirassé à dr. ℟. Dans une couronne de chêne : ADSERTORI SECVRITATIS PVBLICÆ en 3 lignes. Br. 53 %. TB.

837 *Raoul de Rostaing.* RAOVL. DE. ROSTAING. BARON. ET. CAPITAINE. ALLEMAND. 1324. Buste à dr., vêtu à l'antique. ℟. FRANCE. IE SERAY POVR. VOVS. ENVERS TOVS ET. CONTRE TOVS. Raoul agenouillé à g., devant la France assise; derrière lui, des soldats; dans les airs, la Renommée (LXIV. 6). Br. 63 %. (vers 1652). TB.

838 *Denis Talon.* DIO. TALON ADV. GEN. ET CAM. IVST. PROC. CATH. Buste à g. ℟. HIC LVCE ANTEIT OMNES. 1663. Vue de Paris sous un ciel étoilé (IX. 7). Br. 48 %. TB.

839 *Pyramide des Corses* élevée à Rome en expiation de l'offense faite par la Garde corse au duc de Créquy. Buste de Louis XIV à dr. ℟. Guerrière, tenant un bouclier avec ROMA, assise près d'une pyramide. Arg. 41 %. TB.

---

(1) Les numéros entre parenthèses se rapportent au *Trésor de Numismatique.*

840 *La Colonnade du Louvre.* Buste de Louis XIV à g. signé : MOLART. F. ℟. MAIESTATI. AC. ÆTERNIT. GALL. IMPERII. SACRVM. La colonnade de Perrault; au bas : M. DC. LXXIII. MOLART. F. Br. 73 m/m. TB.
841 *Bâtiments du roi.* 1676. Tête à dr. signée : ANT. MEYBUSCH. FECIT. ℟. Une ruche et son essaim (Cf. XVII. 2 revers). Br. 51 m/m. TB.
842 *Charles Lebrun.* CAR. LE. BRVN. EQVES. PRIM. PICTOR. REGIS. Buste à g. signé I. BERNARD. M. DC. LXXXIV. ℟. HÆ. TIBI. ERVNT. ARTES. Objets de peinture, d'architecture et de sculpture. Br. 55 m/m. TB.
843 *Bataille de la Hogue.* LVDOVICVS MAGNVS REX. Tête à dr. ℟. NVNC PLVRIBVS IMPAR. Vaisseau faisant explosion; à l'exergue : BRIT : BAT : Q. VIRTVTE. MDCXCII. (Var. de Van Loon. 104). Arg. 37 m/m. Médaille satirique. TB. Rare.
844 *Retour du Roi à Versailles.* Même droit. ℟. VENIT VIDIT. SED NON VICIT. Le roi debout à g. sur un char traîné par des bacchantes; dans le fond, le château de Versailles; à l'exergue : A BELG : EXPEDITI : IRRIT. RED : VERSAL : M. IUN. M. DC. XCIII. (VL. IV. 134). Arg. 37 m/m. Médaille satirique. TB. Rare.
845 *Avènement de Philippe V.* PHILIPPUS. V. D. G. HISPANIARUM ET INDIARUM REX. Buste armé à g., signé T. BERNARD. F. ℟. HISPANIA FELIX. L'Espagne inclinée à g. devant le roi debout. A l'exergue ADVENTUS REGIS OPTATISSIMUS M. DCCI. T. MAVGER. F. (VL. IV, 324). Br. 58 m/m. TB.
846 *Philippe d'Orléans.* PHILIPPUS AURELIANENSIUM DUX REGENS. Buste armé et drapé à dr. ℟. Dans une couronne d'olivier : FOEDUS CUM HELVETIIS CATHOLICIS RENOVATUM. 1715 en 5 lignes. Br. 59 m/m. TB.
847 **Louis XV et l'Infante.** *Fête à l'hôtel de ville.* 1722. LOUIS XV, etc... MARIE. ANNE. VICTOIRE. etc. Bustes en regard, signé : I. LE BLANC. ℟. Légende en 17 lignes sous un petit écu de Paris; à l'exergue LA VILLE DE PARIS (XLI. 3). Br. 59 m/m. TB.
848 *Le Sacre.* LUDOVICUS. XV. etc. Buste avec la couronne royale à dr. signé A. V. ℟. OLEO, SANCTO DE POLO REX INVNGEBATVR RHEMIS. Vue de Reims; au bas : XXV. OCT : Arg. 37 m/m. TB.
849 *Naissance du Dauphin.* 1729. Bustes affrontés du roi et de la reine. ℟. La France tenant l'enfant. Arg. 41 m/m. TB.
850 *Fontenelle.* BER^RD DE FONTENELLE D^EN DE L'ACAD. FR. Buste à g., signé S. CURÉ. F. ℟. LES GRACES APOLLON MINERVE L'ONT FORMÉ. Groupe allégorique; à l'exergue MDCCXXX. S. CURÉ. F. Br. 55 m/m. TB.
851 *Arbitrage entre la Turquie, La Russie et l'Empire.* Tête au bandeau à dr. ℟. La France présente des rameaux de paix aux 3 Puissances. Arg. 41 m/m. TB.

852 *Second Mariage du Dauphin.* COMMUNE PERENNITATIS VOTUM. Autel de l'Hyménée; au bas : SECUNDÆ DELPHINI NUPTIÆ. MDCCXLVII. ℟. LA BONNE FILLE. La Piété couronnant une femme. Arg. 41 %. TB. Rare.

853 *Victoire de Saint-Cast.* Buste lauré à dr. Au bas : COMITIA ARMORICA. ℟. ANGLIS AB AGUILLONIO DUCE PROFLIGATIS. La Bretagne et Mars attachant deux boucliers à un palmier; à l'exergue : AD SANCTUM CATUODUM M. DCC. LVIII (XLIX. 1). Br. 62 %. TB.

854 *Mariage de Marie -Antoinette.* M. ANTONIA ARC. AVST. LVDOVIC. FRANCIÆ DELPHIN. SPONSA. Buste à dr. signé A. WIDMAN. ℟. L'Abondance et l'Hymen. Arg. 44 %. TB.

855 **Louis XVI et Marie-Antoinette.** LVD. XVI. etc. Buste drapé à dr. ℟. MARIA ANT. etc. Buste à g. Arg. 41 %. TB.

856 *Les frères Montgolfier.* Bustes accolés à g. ℟. Aérostat au-dessus du champ de Mars. Br. 41 %. TB.

857 *Canaux de Bourgogne.* Buste de Louis XVI à dr.; à l'exergue : COMITIA BURGUND. ℟. UTRIUSQUE MARIS JUNCTIO TRIPLEX. La Saône, le Rhin, la Seine et la Loire unissant leurs eaux; à l'exergue : FOSSIS AB ARARI AD LIGER. SEQUAN. RHENUM SIMUL APERTIS MDCCLXXXIII (LV. 1). Arg. 50 %. Très belle médaille de Duvivier.

858 *Le Pont Louis XVI.* 1788. Buste à dr. ℟. Vue du pont. Br. 55 %. TB.

859 *Sauvetage à Tours.* LOUIS XVI ROI DES FRANÇOIS. Tête couronnée de chêne, signée DUVIVIER. 1790. ℟. Dans le champ : DONNÉ PAR LE ROI A JEAN-B^TE^ MURGET CAV^ER^ AU R^ET^ R^AL^ ROUSSILLON QUI BRAVANT DEUX FOIS LA MORT, A SAUVÉ LA VIE A UNE CITOIENNE DE TOURS. 1789 (II. 1). Br. 42 %. TB. Rare.

860 *Les trois Ordres.* Paysan chargé d'un globe fleurdelisé entre un guerrier et un prélat. ℟. LES TROIS ORDRES et un triangle (V. 1). Br. 44 %. et bélière. TB.

861 *Abandon des privilèges.* LOUIS XVI RESTAURATEUR DE LA LIBERTÉ FRANÇAISE. Buste à dr. ℟. ABANDON DE TOUS LES PRIVILÈGES. La salle de l'Assemblée (XII. 2). Br. 63 %. TB.

862 *Retour du roi à Paris.* La Ville conduisant le roi, la reine et le dauphin aux Tuileries. Br. 52 %. TB.

863 *Dietrich, maire de Strasbourg.* PH. FR. DIETRICH., PREMIER MAIRE ÉLU LE 5 FEVR. 1790. Buste habillé à g. ℟. Vue de Strasbourg, surmontée d'une banderolle tenue par 2 Renommées, portant VIVE LA NATION, LA LOI ET LE ROI; plus bas, les écus de France et de la ville; à l'exergue : LIBERTÉ (XVIII, 2). Etain 45 %. Très belle. Rare.

864 *Forts du port aux blés.* FORTS DU PORT AUX BLEDS DE PARIS. Armes de la Ville; dessous, 52. ℟. FIDELITÉ A LA LOI ET AU ROI dans une couronne de chêne (var. de XVIII. 5, note). Sur la tranche JEAN BAPTISTE EXPERT DIT MURAT 1790. Br. 58 %. TB. Rare.

865 *Fort de la Ville de Soissons.* L'UNION FAIT NOTRE FORCE — FORTS DE LA VILLE DE SOISSONS. Dans le champ, : LA NATION LA LOI LE ROI entre 3 fleurs de lis. ℟. Dans le champ, épée en pal sommée du bonnet de liberté séparant la légende : MUNICIPALITÉ — DE SOISSONS | LE 24 MARS, — L'AN 2ME | DE LA LIBE—RTÉ 1790. Au dessous, N° 7 (XVIII. 7). Br. 60% et bélière. TB. Rare.

866 Tables des Droits de l'Homme et de la Constitution tenues au pied d'un palmier par Mars et Minerve. A l'exergue : FIDEL A LA NATION AU LOI AU ROI 1789. ℟. Colonne entourée de personnages au centre d'une place bordée d'arbres. A l'exergue : PLACE DE LA LIBERTÉ SUR LE TEREIN DE LA BASTILLE 1790 (XXVIII. 7). Etain cerclé de cuivre. 79%. TB. Rare.

867 *Projet de colonne par Palloy.* SUR LES RUINES DU DESPOTISME S'EST ELEVE LA LIBERTÉ. Colonne sur une place ; à l'exergue : A LA GLOIRE DE LA NATION FRANÇAISE L'AN 3 DE LA LIBERTÉ ℟. Dans le champ : LEGISLATEURS etc. en 10 lignes (XXXIV. 3). Fer entouré d'un cercle de cuivre sur lequel est gravé : C. J. B. LOMONT DÉPUTÉ DU CALVADOS A L'ASS. NATLE 1791. 37% et bélière. TB. Rare.

868 *Administrateurs de département.* RESPECT A LA LOI entre 2 branches de chêne ; au bas, M. ℟. Même type sans l' M. (XXXV. 1.). Cuivre doré ovale. 53/43%. et belière avec anneau. TB.

869 — Variété avec M. B. au droit (XXXVI. 2). Cuivre doré, ovale, 52/42%. sans bélière. TB.

870 — Autre variété, sans lettres. Cuivre doré, ovale, 52/42%., anneau et bélière. TB.

871 *Administrateurs de district.* Mêmes types, caractères plus petits. Cuivre argenté, ovale, 51/39%. Bélière et anneau. TB.

872 *Médaille-décoration.* Médaille ovale en cuivre émaillé bleu, cercle doré. Dans une couronne de chêne, or et vert; LA LOI ET LA PAIX en caractères d'or, sous un bonnet phrygien. Or. 49/41%. Au dos est soudée une double agrafe avec ruban rouge, liseré bleu et blanc. TB. Rare.

873 — Bijou figurant un soleil rayonnant doré, au centre émaillé bleu, avec guirlande vert et or et les mots LA LOI ET LA PAIX au droit et au revers. 44/40%., bélière et anneau. TB. Rare.

874 — Cercle ovale de cuivre doré, renfermant un soleil, touchant le cercle par 10 rayons. Au centre, LA LOI sur fond émaillé bleu entouré de vert. ℟. Semblable. 47/40%. Bélière et anneau. TB. Rare.

875 **Révolution.** *Exemple aux peuples.* La Liberté brisant les attributs royaux. Br. 55%. TB.

876 *Le Despotisme renversé.* LE 21 7BRE 1792 L'AN IER DE LA RÉPUBLIQUE FRANÇAISE. Lion à g. tenant une pique surmontée du bonnet

phrygien, et foulant une couronne royale. A l'exergue : LE DESPOTISME RENVERSÉ. (Manque au TN et à Hennin). Uniface. Etain bronzé. 78 ᵐ/ₘ. TB. Rare.

877 *Convention nationale.* RÉPULIQUE FRANÇAISE — ÉGALITÉ. Couronne renfermant : SERVICE DES COMITÉS. ℟. CONVENTION NATIONALE — LIBERTÉ. Même couronne et légende (XXXVII. 7). Gravée au burin. Cuivre. 48 ᵐ/ₘ. TB. Rare.

878 *Les adieux du Temple.* Bustes accolés de Louis XVI et Marie-Antoinette à dr. ℟. La scène des adieux (XL. 4.) Br. 48 ᵐ/ₘ. TB.

879 *Exécution du roi.* Même droit. ℟. L'échafaud et le bourreau montrant au peuple la tête du roi. Br. 51 ᵐ/ₘ. Très belle.

880 *Médaille de Baldenbach sur la mort du roi.* Tête à dr. ℟. La France éplorée assise à g. près d'un autel. (XLI. 6). Arg. 46 ᵐ/ₘ. TB.

881 *Autre par Stierle.* Tête de Louis XVI à dr. ℟. La Ville de Paris éplorée assise à dr. (XLI. 8). Arg. 34 ᵐ/ₘ. TB.

882 *Prise de Mayence.* La Germanie couronnant un guerrier; dans le fond, la Ville de Mayence, ℟. Dans le champ : MAYNZ WARD EINGENOMMEN DEN 29 IVLIVS 1793 (Hennin, 521). Arg. 36 ᵐ/ₘ. TB.

883 *Le feldmaréchal Möllendorf.* W. I. H. V. MOELLENDORF KOEN. PR. GEN. FELDMARSCHALL. Buste à g. 1793. ℟. Victoire et guerrier. Arg. 36 ᵐ/ₘ. TB.

884 *Mort de Marie-Antoinette.* Buste à g. ℟. La charrette arrivant en vue de l'échafaud (XLV. 6). Br. 48 ᵐ/ₘ. Très belle.

885 *Médaille de Baldenbach sur la mort de la Reine.* Buste à g. ℟. Saule et rocher avec PERDVELLIVM FVRORIS VICTIMA XVI OCTOBRIS MDCC XCIII. (XLV. 8). Arg. 46 ᵐ/ₘ. Très belle.

886 *Emmanuel de Rohan fortifie Malte.* AVSPICIIS M. M. EM. DE. ROHAN. PROVIDENTISSIMI. PRI. Buste cuirassé et drapé à dr. ℟. MELITA. etc. Légende en 16 lignes, donnant la date 1793. Br. 51 ᵐ/ₘ. TB. Rare.

887 *Médaille-décoration.* RÉPUBLIQUE FRANÇAISE. La Liberté debout sur une base portant UNION. Dessous, LIBERTÉ ÉGALITÉ. ℟ RESPECT A LA LOI entre 2 branches de chêne (LI. 7). Cuivre doré, ovale, 52/43 ᵐ/ₘ. ; bélière et anneau. TB.

888 — La même pièce signée M. au ℟. Cuivre argenté, ovale, 52/42 ᵐ/ₘ ; bélière et anneau TB.

889 — RÉPUBLIQUE FRANÇAISE. La Liberté debout sur un piédestal portant : LIBERTÉ EGALITÉ OU LA MORT. ℟. Le précédent; autre gravure. Cuivre argenté, ovale, 51/41 ᵐ/ₘ. Arg, TB. Rare.

890 *L'Amiral Bridport.* A. A. HOOD. LORD BRIDPORT ADMIRAL OF THE WHITE. Buste à dr. ℟. OFF PORT LORIENT. etc. Victoire de face, emportant 3 pavillons français; à l'exergue, 23D JUNE 1795. Br. 48 ᵐ/ₘ. Très belle.

891 *Robespierre et Cécile Renault.* MAXIM. ROBESPIERRE LE X THERMIDI AN II. — J'AI VOULU VOIR COMMENT ÉTAIT FAIT UN TIRAN. Bustes de Robespierre et de Cécile Renault dans 2 médaillons ovales en regard (LIII. 7). Cliché, cuive doré, 38%. TB.

892 *Mort du Dauphin.* LOUIS CHARLES DAUPHIN DE FRANCE NÉ A VERSAILLES LE 25 MARS 1785. Buste habillé à g.; dessous : MORT AU TEMPLE LE 8 JANVIER 1795 (LV. 8). Cliché cuivre argenté, 40%. TB.

893 *Tribunaux.* RÉPUBLIQUE FRANÇAISE. Tables de la Loi. ℞. DÉPARTEMENT DE LA SEINE. Dans le champ : TRIBUNAUX CIVIL ET CRIMINEL (LVIII. 6). Cuivre, 46%. TB.

894 *A la prise de Menin..* Soldat français faisant mettre bas les armes à six Autrichiens. A l'exergue : A LA PRISE DE MENIN LE 25 OCTOBRE 1796. Cliché étain doré, cerclé cuivre. 73%. Très beau.

895 *Passage du Tagliamento.* Le dieu du fleuve saisi d'effroi. ℞. PASSAGE etc. A L'ARMÉE D'ITALIE dans une couronne (LXIII. 3). Br. 43%. TB.

896 *Bonaparte aux soldats d'Italie.* Buste à g. en uniforme brodé et chapeau à plumes, signé ROGAT. 1839. ℞. Proclamation en 21 lignes. Br. 51%. Très belle. Rare.

897 *Caisse d'escompte du Commerce.* La Vigilance debout à g. ℞. ASSOCIATION DU IV FRIMAIRE AN VI. etc. (LXVI, 2). Jeton octog. Arg. TB.

898 *Le Peuple Vaudois à Laharpe.* L'AN PREMIER DE LA RÉPUBLIQUE HELVÉTIQUE UNE ET INDIVISIBLE. Faisceau entre des branches de laurier et de chêne; au bas : AN VI DE LA REP. FRANÇAISE RÉGÉNÉRATRICE. ℞. DERNIERE SÉANCE DE LA REPRÉSENTATION PROVISOIRE DU PAYS DE VAUD. Dans le champ : A FRED^IC CESAR LAHARPE LE PEUPLE VAUDOIS RECONNOISSANT. 30 MARS 1798. (LXVIII, 1). Br. doré, 63%. Très belle médaille. Rare.

899 *Sénat conservateur.* RÉPUBLIQUE FRANÇAISE. Minerve assise à g., tenant une épée la pointe à terre, et accoudée à un bouclier portant : CONSTITUTION FRANÇAISE AN VIII; derrière, un coq. ℞. SÉNAT CONSERVATEUR. Serpent autour d'un miroir (LXXIV, 5). Arg. doré. 49%. Très belle médaille. Rare.

900 *Service intérieur du premier Consul.* Gravé en creux au burin, ainsi que le revers : L'HERMINIER LEJEUNE EPERONNIER DU P^R CONSUL (LXXV, 3). Cuivre. 35%. TB. Rare.

901 *Directoire du district d'Avranches.* Gravé en creux; dans le champ, ACTION DE LA LOI également en creux. ℞. Monogramme gravé. Cuivre ovale doré. 36/32% et bélière. TB. Rare.

902 *Bonaparte à Marengo.* Buste à g. ℞. Proclamation en 9 lignes (LXXVII, 1). Br. 50%. TB.

903 *Desaix, tué à Marengo.* Buste à dr. ℞. Lég. en 7 lignes (LXXVII, 6). Br. 49%. TB.

904 *Restauration de la République Cisalpine.* BONAPARTE PRIMUS CONSUL. Tête à g. signée LAVY; ℞. XII. MUNITISSIMIS. etc. Hercule relevant l'Italie couchée; (LXXVII, 5). Arg. 52 m/m. Très belle.

904 *bis Lyon, prix d'émulation.* BONNES MŒURS. TRAVAIL ASSIDU. Lyre ombragée de lauriers et entourée d'emblèmes; au bas, LYON. ℞. Lég. dans une couronne. Br. 38 m/m. TB.

905 *Passage du Rhin et du Danube.* BONAPARTE, etc. Buste à dr., signé ANDRIEU F. ℞. Mars courant entre les deux fleuves étendus; à l'exergue: ARMÉE DU RHIN MOREAU GENL. EN CHEF (LXXVIII, 1). Br. 59 m/m. Très belle médaille. Rare.

906 *Les Lyonnais à Bonaparte.* A BONAPARTE VAINQUEUR ET PACIFICATEUR. Buste à g.; au bas, LES LYONNAIS RECONNS. ℞. Dans une couronne civique: LE X MESSR AN VIII BONAPARTE A POSÉ LA IRE PIERRE DE LA GRANDE PLACE DE LYON DÉTRUITE EN L'AN II. (LXXVIII, 3). Br. doré. 43 m/m. Très belle.

907 *Fondation du quai Desaix.* 25 MESSIDOR AN VIII, etc. Dans le champ, lég. en 6 lignes. ℞. REPUBLIQUE FRANÇAISE. Dans le champ, lég. en 7 lignes (LXXVIII, 8). Br. 42 m/m. TB.

908 *La Machine infernale.* BONAPARTE. REIP. ITAL. PRAESES. Tête à dr. ℞. DVX. TVTVS. AB. INSIDIIS. Les 3 Parques et le Destin (LXXX, 3). Br. 59 m/m. TB.

909 **Bonaparte, Premier Consul.** Buste habillé à g. ℞. IL AFFERMIT PAR SES VICTOIRES. etc. dans une couronne (LXXX, 7). Arg. 32 m/m. TB.

910 *Tribunal de cassation.* La Justice debout. ℞. LA LOI dans un triangle rayonnant entouré d'une couronne de chêne (LXXX, 9). Br. argenté, octogone, 50 m/m. TB.

911 *Tribunal d'appel séant à Paris.* La Justice debout. ℞. RÉPUBLIQUE FRANÇAISE. Les tables de la Loi posées sur un faisceau et surmontées d'un œil rayonnant (LXXXI, 2). Arg. 47 m/m. TB. Rare.

912 *Tribunal d'appel.* RÉPUBLIQUE FRANÇAISE. La Liberté debout, signé AMELEING. ℞. Dans une couronne : ACTION DE LA LOI. — TRIBUNAL D'APPEL (LXXXI, 4, note). Br. doré, ovale, 40/33 m/m et bélière. Très belle.

913 *Tribunal criminel.* Même droit, signé AMELIN. ℞. Même couronne avec : ACTION DE LA LOI — TRIBUNAL CRIMINEL (LXXXI, 5). Br. doré, ovale, 40/33 m/m avec bélière et anneau. TB.

914 *La Consulte italienne à Lyon.* LEGIS MUNERA PACIS. Tête de Bonaparte à g. ℞. Dans le champ : AUSPICE BONAPARTE INTER GALLOS GALLORUM NEPOTES CISALPINI ANTIQUUM FOEDUS RENOVANTES GENTEM SUAM LEGIBUS CONDIDERUNT LUGDUNI ANNO X. REIP. GAL. (LXXXIX, 3). Br. 48 m/m. TB.

915 *Université italienne.* REPUBBLICA ITALIANA. Dans le champ : UNIVERSITA NAZIONALE. Uniface. Cuivre rouge, cercle cuivre jaune. 46 m/m et anneau. TB. Rare.

916 *Paix d'Amiens*. BONAPARTE PR. CONSUL DE LA RÉP. FRAN. Tête à g., signée DROZ F. ℟. LE RETOUR D'ASTRÉE. La Justice descendant sur la terre; DROZ F. Sur la tranche : PAIX GÉNÉRALE A AMIENS AN X. 1802. (LXXXIX, 10). Arg. 39%. Très belle médaille. Rare.

917 *Chambre des avoués*. La Loi assise à g.; au bas, 1802. (XCIII, 3). Jeton octogone. Arg. TB.

918 *Rupture du traité d'Amiens et occupation du Hanovre*. 1803. Léopard déchirant le traité. ℟. Victoire galopant à dr. (XCIV,7). Br. 41%. TB.

919 **Napoléon**. *Chambre de commerce de Paris*. 1804. Tête de Napoléon à dr. ℟. Guirlande (I, 4). Jeton octog. Arg. TB.

920 *Ecole de droit*. Tête laurée à dr. ℟. Aigle tenant un livre ouvert (II, 3). Jeton octog. Arg. TB.

921 *Mort de Necker*. *1804*. C. H. G. NECKER DIRECTEUR G^{NL} DES FINANCES. Buste à dr. signé B. MONTAGNY. F. ℟. NÉ A GENÈVE..etc. Dans le champ, lég. en 6 lignes. Br. 56%. TB.

922 *Construction de 2000 barques*. *1804*. Hercule enchaînant un léopard (II, 7). Br. 40%. TB.

923 *Sacre de Napoléon*. L'empereur debout. ℟. Napoléon à genoux devant le pape assisté de 3 prélats (III, 8). Etain, 41%. FDC.

924 Buste de Pie VII à dr. ℟. Notre-Dame (III, 14). Br. 40%. TB.

925 Buste de Pie VII à g., en calotte. ℟. Le Christ sur la croix (III, 15). Arg. ovale, 26/22%. TB.

926 *Loge du Sphinx*. G.·. SPHINX. 5804. Sphinx à g. sur une base. ℟. SILENCE — AMITIÉ — BIENFAISANCE. Œil rayonnant dans un triangle (VI, 12). Jeton. Arg. TB.

927 *La Ligurie réunie à la France*. 1805. Tête laurée à dr. ℟. L'empereur recevant la Ligurie descendant d'un vaisseau (VIII, 9). Br. 40%. TB.

928 *Ecoles de médecine* (1805). Tête laurée. ℟. Esculape et Télesphore debout (XI, 5). Br. 40%. TB.

929 *Notaires de Bordeaux*. (1806). Tête laurée. ℟. LEX EST. etc. Femme assise à g. Exergue : NOTAIRES, ARROND. DE BORDEAUX. GIRONDE (XV, 11). Jeton octog. Arg. TB.

930 *Avoués près la Cour d'Appel*. Femme assise à g. ℟. Table supportée par deux aigles (XV. 12). Jeton octog. Arg. TB.

931 *Conquête de la Silésie*, *1807*. Tête laurée. ℟. La Victoire et la Paix à g.; devant elles, une colonne ornée de 7 couronnes murales (XIX. 12). Br. 40%. TB.

932 *Célébration de Friedland par les loges de Grenoble*. AUX LOGES RÉUNIES DE L'ORIENT DE GRENOBLE. Dans un losange formé par un compas et une équerre sur une couronne de laurier : 12 JUILLET 5807 .·. CÉLÉBRATION DE LA GLORIEUSE JOURNÉE DE FRIEDLAND. ℟. LE G^{AL} SÉNATEUR VALENCE, etc. Triangle renfermant une

légende et accosté de : PARFAITE UNION — HUMANITÉ — CŒURS CONSTANTS. Sur la tranche : ESTIME — AFFECTION — RECONNAISSANCE (manque au TN et au Zirkel). Br. 53%. TB. Très rare.

933 *Chambre des notaires de Versailles.* (1808). Tête laurée. ℞. JUSTITIAE SOLE PACTA COMPONUNT. Soleil rayonnant sur une balance et une main de justice. (XXIX. 19). Jeton. Arg. TB.

934 *Avoués de Villefranche.* (1808). Ecu de la ville. ℞. La France et la Justice se tenant par le bras (XXIX. 20). Jeton. Arg. TB.

935 *Imprimerie impériale.* 1809. Tête laurée. ℞. Légende. (XXXI. 5). Jeton. Arg. TB.

936 *Les eaux de l'Ourcq amenées à Paris.* 1809. Tête laurée. ℞. Nymphes arrosant la statue de la Ville de Paris. (XXXIII. 3). Br. 40%. TB.

937 — Variété; la tête remplacée par une guirlande. Br. 40%. TB.

938 *Joachim Murat.* JOACHIM NAPOLÉON ROI DE NAPLES ET DE SICILE. Buste à g. en costume royal, signé PAROY ; au bas : 1809 (XXXV. 2). Cliché cuivre doré. 70%. Superbe.

939 *Messageries impériales.* FIDUS ET VELOX. Mercure à dr. dans un char ailé. 1809. ℞. MESSAGERIES IMPÉRIALES — RUE NOTRE-DAME DES VICTOIRES. (XXXVI. 8). Jeton octog. Arg. TB.

940 *Commission des remèdes secrets.* 1810. Tête laurée. ℞. S. E. LE COMTE DE MONTALIVET, MINISTRE DE L'INTÉRIEUR. Dans le champ : COMMISSION DES REMÈDES SECRETS INSTITUÉE EN EXÉCUTION DU DÉCRET DU 18 AOUT 1810 (XL. 10). Jeton. Arg. TB. Rare.

941 *Marie-Louise* (1810). MARIE-LOUISE IMPÉRATRICE. Buste diadémé et habillé à dr. (XLIII. 8). Cliché br. doré. 45%. TB.

942 *Trésor public* (1810). NAPOLÉON Ier EMPEREUR DES FRANC. Tête laurée à dr. signée TIOLIER. F. ℞. TRÉSOR PUBLIC dans un cercle guilloché (XLVI. 4). Jeton. octog. Arg. TB.

943 *Le pasteur Paul-Henri Marron* (1810). Tête laurée à g. ℞. PHM. cursifs sur un cartouche orné de la croix de la Légion d'honneur (XLVI. 7 varié. Jeton octog. Br. argenté. TB.

944 *Notaires de Rouen.* 1811. Tête à dr., couronnée de chêne. ℞. LEX. etc. Femme assise à g.; à l'exergue : NOTAIRES. etc. MDCCCXI. (LIV. 12). Jeton. Br. TB.

945 *Athénée de Vaucluse.* 1811. Nymphe au bord de la fontaine (LII. 1). M. 42%. TB.

946 *Monument sur le Mont-Cenis.* 1813. Tête laurée à dr. ℞. CONFIANCE. FORCE. Aigle sur un trône au sommet du mont. (LVIII. 9). Br. 40%. TB.

947 *Entrée des Anglais à Paris.* 1815. Tête de Wellington à dr. ℞. La colonnade du Louvre. Br. 40%. TB.

948 *Napoléon sur le Bellérophon.* 1815. Buste à dr. ℞. Le Bellérophon. Br. 40%. TB.

949 *Société médico-pratique de Montpellier.* AUGMENTO SCIENTIÆ. Tête d'Esculape à dr. ℞. Dans une couronne de laurier : SOCIETATIS MEDICO-PRACTICÆ MONSPELENSIS ÆMULATIONIS PRÆMIUM. Arg. doré. 47 %. TB.

950 **Louis XVIII.** *Débarquement à Calais.* 1814. Tête à dr. ℞. IL PORTE LA PAIX DU MONDE. La France étendant les bras vers un vaisseau. MDCCCXIV. Arg. 40 %. TB.

951 *Retour du Roi.* Tête à dr. ℞. Réception du roi. Br. 67 %. TB.

952 *Entrée à Paris.* Même tête. ℞. Char triomphal. Br. 40 %. TB.

953 *Compagnie des notaires d'Amiens.* Armes de France. ℞. LEGES ET MORES. 1816. La Justice assise à dr. Jeton. Arg. TB.

954 *Amiens. Aide-commissaire ambulant.* 1817. ℞. Armes. Arg. cerclé cuivre. 41 % et bélière. TB.

955 *Chambre des notaires d'Evreux.* Tête de Louis XVIII à g. ℞. Armes de France. Jeton octog. Arg. TB.

956 *Notaires de Rouen.* Tête du roi à dr. ℞. Celui de 1811 n° 944. Jeton. Br. TB.

957 **Charles X.** *Les délégués provinciaux.* 1825. Le roi debout avec les attributs royaux. ℞. IMMOTA. FIDES — LEGATI. PROVINCIARUM. Couronne et lég. en 5 lignes. Arg. 45 %. TB.

958 *Chemin de fer de Saint-Etienne à Lyon.* 1826. Ecus des deux villes. ℞. Mercure, La Loire et le Rhône. Jeton. Arg. TB.

959 *Médaille de député.* Tête de Charles X à dr. ℞. MÉDAILLE DE DÉPUTÉ. 1828. Couronne de chêne, champ lisse. Arg. 41 %. TB.

960 **Henri V.** Médailles le concernant. Br. Ens. 5 p. TB.

961 **Louis-Philippe.** *Tribunal civil de la Seine.* Tables de la Loi et balances ; dessous CHARTE. 1830. ℞. ACTION DE LA LOI dans une couronne. Arg. 33 % et bélières. TB.

962 *Notaires de Bordeaux.* Tête nue à g. ℞. Celui du N° 929. (XV. 11). Jeton octog. Arg. TB.

963 *Notaires de Meaux.* Même tête. ℞. LEX. etc. Gnomon. Jeton octog. Arg. TB.

964 *Invasion du choléra en 1832.* Esculape, repoussant la Mort qui saisit un moribond, tient le bras d'une malade entourée de ses enfants. ℞. Couronne de chêne, champ lisse. Br. 83 %. Très belle.

965 — Esculape donnant des soins à un cholérique présenté par la ville de Paris. Médaille décernée au docteur Martin. Br. 64 %. Très belle.

966 *Reims. Salubrité publique.* 1837. Serpent buvant dans une coupe. Jeton octog. Arg. TB.

967 *Notaires de Lyon.* 1839. Code. ℞. Gnomon. Jeton octog. Br. TB.

968 *Notaires du Havre.* 1844. Bustes de Charlemagne et S. Louis. ℞. Code. Jeton octog. Br. TB.

969 *Médaille de Député.* Tête du roi couronné de chêne à g. ℞. CHAMBRE DES DÉPUTÉS. — SESSION. 1844. Arg. 52 m/m. TB.

970 *François Guizot.* 1844. Buste de trois-quarts à g. ℞. Guizot à la tribune de la Chambre le 26 Janvier 1844. Br. 100 m/m. TB.

971 *Les architectes de Nantes.* 1846. Buste de Philibert Delorme à g. ℞. Compas et équerre. Jeton. Arg. TB.

972 *Notaires de Gien.* Louis-Philippe. Jeton octog. Arg. TB.

973 *Notaires de Sens.* Saint Louis. Jeton octog. Arg. TB.

974 **République.** *Médaille de Représentant du peuple.* Tête laurée et couverte de la peau de lion à dr. ℞. ASSEMBLÉE NATIONALE. Cen DUPONT-DELAPORTE. A l'exergue : MDCCCXLIX. Arg. 51 m/m. TB.

975 *Avoués de Lyon.* 1851. La Justice assise. Jeton. Arg. TB.

976 **Napoléon III.** *Médaille de Député.* 1865. Le Vte de la Tour (Côtes du-Nord). Arg. 50 m/m. TB.

977 *Choléra en 1866.* Méd. décernée au Dr Dehée. Arg. 51 m/m.

978 *La ville de Bourges.* Armes. ℞. NIVELLEMENT GÉNÉRAL DU DÉPT DU CHER. — ISTHME DE SUEZ. — PLANS DES AUTO-MOTEURS. Dans le champ : A. P. A. BOURDALOÜE LA VILLE DE BOURGES RECONNAISSANTE. 1856. Arg. 50 m/m. TB.

979 *Notaires de Semur.* 1867. Balances et tables. Jeton. Arg. TB.

980 *Notaires d'Autun.* La Justice assise. Jeton octog. Arg. TB.

981 *Notaires de Beauvais.* La Justice assise à g. ℞. Mains jointes, tenant un caducée et un miroir. Jeton octog. Etain. TB.

982 **République.** *Défense de la Banque de France.* 1871. Méd. décernée à Genty. Arg. 68 m/m. TB.

983 *Corps des mariniers brancardiers.* Pavillon triangulaire, à la croix de Genève. ℞. Couronne. Arg. 32 m/m. et bélière. TB.

984 *Barreau de Paris.* Femme debout à g. ℞. CONSEIL DE L'ORDRE. MR BEAUPRÉ. ÉLECTION DE 1876 dans un cartouche. Arg. 41 m/m. TB.

985 *Rouen. La Mutuelle de l'Ouest.* 1884. Armes de Rouen. ℞. LE PRINCIPE DE LA MUTUALITÉ. etc. (Gauvin 249). Jeton octog. Arg. TB.

986 *Chambre des Députés.* 1885. Guillot Louis (Isère). Arg. 51 m/m. TB.

987 *Chambre de commerce de Lille.* Philippe de Girard assis à g. ℞. Vue de la Chambre de Commerce. Arg. 47 m/m. TB.

988 *Jeton maçonnique.* Mains jointes tenant 2 drapeaux. ℞. STRASSBURG. 28 JULI 1905. LYON. 21 JAN. 1803. Palmes. Arg. TB.

***

989 *Grand lot* de pièces de cuivre diverses.

990 *Médaillier.* Armoire à deux portes renferment 50 tablettes supportant des cartons à médailles. Chêne. 120×82×35.

991 *Cartons.* Médailles. Lot à diviser.

www.ingramcontent.com/pod-product-compliance
Ingram Content Group UK Ltd.
Pitfield, Milton Keynes, MK11 3LW, UK
UKHW021625260726
13994UKWH00003B/1071

9 782329 396422